KB203525

문선명, 한학자 독생녀 참부모의 리더십

A Study on the Leadership of
Sunmyung Moon, Hak JA Moon
Begotten Daughter True Parent

신학·종교철학·사회복지학 박사
김 공 수 지음

2020년

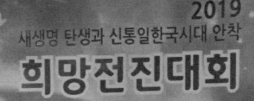

2019
새생명 탄생과 신통일한국시대 안착
희망전진대회

참가정 발전에서 새생명 탄생으로!
신통일한국에서 세계평화로!

주요 프로그램

독생녀 참어머님과 함께 하는 신전라국!

2019.11.13(수) PM:2:00 여수 진남체육관

주최 : 새생명 탄생과 신통일한국시대 안착 희망전진대회 조직위원회

세계일보, 전라권 언론인협회(현직 기자단), 신한국가정연합, 친주평화연합, 평화대사협의회, 남북통일운동국인연합,
선문대학교, 세계평화여성연합, 디오션리조트&호텔, 세계평화청년학생연합, 한국대학원리연구회

한학자 싸인

김준성 영광군수 방문 기념

강필구 전국 자치단체 의회 의장단 회장 방문 기념

캄보디아 왕궁내

캄보디아 독생녀 참어머님 축복식 말씀

캄보디아 부수상 축사

리틀엔젤스 합창단 환영

캄보디아 훈센수상 환영사

캄보디아

한학자 독생녀 캄보디아 신아시아 통일선언

캄보디아

차례

I. 서론

1. 연구목적

본 논문에서 추구하는 주된 연구 목적은 문선명, 한학자 독생녀 참부모의 13개 리더십을 중심하고 세계종교의 종교지도자들이 보여 준 리더십을 고찰하는 것이다. 문선명, 한학자 독생녀 참부모께서는 인류가 고대해 왔고, 종교들에서 대망해 온 종말의 구세주, 메시아, 재림메시아였고, 마침내 참부모의 자리를 확보하셨다.[1] 앞으로는 참부모라는 단어가 대체될 것이다. 그는 하나님과 인간과 만물의 해방과 구원을 위하여 삶의 모든 분야에 관여하였고[2], 성공적인 실적을 남겼다. 그래서 그의 생애와 사상에 나타난 리더십은 지금까지와 다른 새로운 총합적 리더십 유형으로서의 특징을 갖는다. 그는 1920년 1월 6일(음) 탄생하시어 그의 일생에서 5%에 해당하는 약57개월을 감옥에서 죽음을 넘나드는 고난을 당하셨고,[3] 승리하셨고, 마침내 2012년 9월 3일(음7.17)에 성화(聖和)[4]하셨다.

그가 16세 되던 1935년 부활절 기간의 4월 16일 새벽에 묘두산

---

1) 문선명선생말씀편찬위원회, 『문선명선생말씀선집』 제572권 (서울: 성화출판사, 2011), 195.

2) 문선명선생말씀편찬위원회, 『문선명선생말씀선집』 제564권, 130. 선생님은 손 안댄 데가 없어요.

3) 일제시대 경기도 경찰부(1944.10-1945.2), 정주군 곽산지서(1945. 10월 하순), 평양대동보안서(1946.8.11-11.21), 흥남 특별노무자수용소(1948.2.22.-1950.10.14.), 서울 서대문 형무소(1955.7.4.-10.4), 미국 댄버리 교도소 (1984.7.20.-1985.8.20.) 등이다.

4) 세계평화통일가정연합에서는 식구의 사망과 장례 절차 전체를 성화(聖和)라고 부른다. 문흥진님이 교통사고로 운명을 달리하였던 날(1984.1.2. 새벽 1시 15분)의 슬픔을 애승일 선포(1984.1.3, 벨베디아)로 극복하셨다. 이어서 승화식(昇華式, 1984.1.8, 리틀엔젤스)이 있었다. 이로부터 통일교회 식구의 사망과 장례식 전체를 승화식으로 불렀다. 그 후에 2010년 3월 18일(천력 2월 3일) 뉴욕의 유엔본부에서 영면(永眠)한 세계적 지도자들을 위해 승화(昇華) 의식을 베풀어 주었다. 4월 13일에는 서울에서 평화지도자 추모 통일승화 축제 기념대회가 열렸다. 이는 평생을 평화를 위해서 몸바친 분들의 삶을 빛내고 후손된 입장에서 그 평화적 정신과 뜻을 계승받기 위한 목적을 가지고 추진되었다. 2011년 11월 21일 김상철 총장 원전식부터 승화를 성화(聖和)로 부르게 되었다.

에서 인류의 고통을 극복할 방법을 고심하며 간절한 기도를 하던 중에[5] 그는 예수그리스도를 만났고, 재림메시아로서 인류 구원 사명을 받으셨다. "그는 고향에서 3년, 서울에서 3년, 도쿄에서 3년 기간에 정성을 드리면서 메시아 준비를 마쳤고, 1945년부터 공식노정을 출발하셨다."[6] 그는 인류 삶의 총체적인 부분들을 다 구원하기 위하여 종교 경제 정치 교육 문화 등 다양한 분야에 개입하였고, 구원사적 실적도 많이 쌓았다. 그는 이상적인 인간(Ideal Man), 이상적인 가정(Ideal Family), 여러 가지 유형의 이상적인 공동체(Ideal Community)를 제창하였고 실천에 앞섰다. 그의 성화 이후부터 그의 아내인 한학자 독생녀 참부모께서 세계평화통일가정연합(이하 '가정연합') 지도자로서 일하고 있다.

본 고찰에서 중요한 주제인 리더십의 어원과 의미를 고찰해 보자. Leadership에서 ship은 배를 의미한다. 그래서 "리더십이란 배를 등대까지 안전하고 빠르게 안내하는 선장(船長)과 같은 역할을 하는 것이다."[7] 여기서 배의 종류는 많다. 혼자 타는 배, 여럿이 타는 배, 수많은 사람이 타는 여객용 배, 고기 잡는 배, 물건을 수송하는 배, 전투용 배, 군함, 잠수함, 등 무수히 많다. 그러므로 모든 사람이 자기에 대하여 그리고 공동체에 대하여 리더가 되고, 또 되어야 한다. 따라서 모든 사람에게 리더십이 필요하다.

20세기까지의 리더는 지시하는 사람, 끌고 가는 사람이 주된 이미지였다. 그러나 21세기를 맞는 시점에서 "리더는 솔선수범하

---

5) 선학역사편찬원, 『참부모님 생애노정』 (서울: 성화출판사, 2017), 47. 나는 누구인가, 나는 어디서 왔는가, 인생의 목적은 무엇인가, 사후에 우리 생명은 계속되는가, 하나님은 실존하시는가, 하나님은 전능하신가, 전능하시다면 왜 인류 세계 문제를 해결해 주시지 않는가, 지구상에는 왜 수많은 고통이 존재하는가? 등의 끝없는 문제에 골몰하셨다.
6) 선학역사편찬원, 『참부모님 생애노정』 47.
7) 정원범 엮음, 『21세기 리더십과 목회』 (서울: 한들출판사, 2005), 13.

는 사람, 안내(가이드)하는 사람, 비전을 제시하는 사람 등으로 해석되며, 300-600종류의 리더십 개념이 제시된다."[8] 그러나 그처럼 많은 리더십 개념에서 공통점이 있다. 그것은 조직의 목표를 달성하기 위하여 개인이나 집단 행위에 영향력을 행사하는 과정에서 리더십이 발휘된다고 하는 점이다. 이처럼 리더십에 대한 정의(定義)도 공동체 유형에 따라서 다양하지만, 보편적으로는 리더십(Leadership)은 "공동체를 이끄는 지도자로서의 소질, 지도력, 통솔력, 혹은 지도자의 지위나 임무"[9]로 설명된다.

인간이 형성하는 공동체마다 요구하는 리더십이 다르다. 최소 공동체인 가정에서는 자녀를 이끄는 부모의 사랑의 리더십, 학교에서는 학생을 잘 가르치는 교사의 인성과 전문성의 리더십, 직장에서는 상사의 감성 및 경영흑자 창출 리더십, 군대에서는 지휘관의 필승 리더십, 국가에서는 대통령 혹은 왕의 통치리더십, 종교단체에서는 창교자 혹은 성직자의 리더십 등이 중요하게 부각된다.

인간은 선천적으로 규모가 크거나 작은 다양한 유형의 공동체를 구성한다. 여기서 리더가 갖는 리더십의 중요성이 대두된다. 그가 갖는 지도자 자질이나 가치관에 따라서 구성원들의 운명과 행복, 불행이 결정되기 때문이다. 공동체에서 선택된 지도자에게는 권위(權威, Authority)가 부여된다. 그 권위가 잘 활용될 때에는 행복으로 나아가지만, 잘못된 권위의식이나 그릇된 가치관을 갖게 되면 공동체 전체가 불행의 수렁으로 추락할 수 있다. 그래서 리더십이 아주 중요하다. 리더십은 자기 자신을 포함하여 공공체 구성원들이 함께 복지 혜택을 누리면서 행복하게 살기 위한 것이다. 그러므로

---

8) 정원범 엮음, 『21세기 리더십과 목회』 37.
9) 시사영어사 편찬위원회, 『영한대사전』 (서울: 시사영어사, 1992), 1288.

리더십이 잘못 되면 자신과 공동체 전체가 행복과 거리가 먼 불행한 생활로 나가게 된다.

장구한 종교 역사에서 종교공동체의 리더를 구세주(救世主), 메시아(Messiah), 재림메시아(Second coming Messiah), 참부모로 지칭하여 왔다. 포괄적으로 "구세주(救世主)는 인류를 구원하는 사람"[10]이며 종교마다 호칭이 다르다. 메시아(Messiah)는 "유대인이 대망한 구세주"[11]이고, 재림메시아는 "세계의 마지막 날에 예수그리스도가 세상을 심판하기 위하여 다시 나타나는 분"[12]이다.

여기서 특히 참부모(True Parent)는 문선명 선생이 제창하고 선포한 단어이다. 하나님이 제1의 참부모이시고, 재림메시아로 강림하신 문선명 한학자 독생녀 양위분이 제2의 참부모이시고, 그를 따르는 제자이면서 가정연합의 신도인 식구들은 제3의 참부모이다. 창조본연의 세계에서는 하나님이 제1 부모이시고, 그 하나님에 의하여 결혼 축복을 받은 인간이 자연스럽게 제2의 부모가 되고, 손자손녀들이 제3의 부모가 되는 형식으로 '부모 계승'(父母 繼承, Parent Inheritance)이 되었다. 그러나 인간 시조가 사탄(Satan)의 유혹에 넘어가서 타락으로 인하여 인간은 하나님도 모르고 부모가 되어야 하는 것도 모르게 되었다. 하나님과 인간을 비롯한 천지만물의 관계를 모르게 되었고, 하나님 대신에 사탄을 부모로 여기고 따라가는 어이없는 세상이 되고 말았다. "사탄이 하나님, 아들, 딸의 자리를 점령하였다."[13] 세상에는 거짓 하나님, 거짓 부모, 거짓 자녀가 넘치게 되었다.

---

10) 신기철·신용철, 『새 우리말 큰 사전』 (서울: 삼성출판사, 1989, 1992), 376.

11) 신기철·신용철, 『새 우리말 큰 사전』 1143.

12) 신기철·신용철, 『새 우리말 큰 사전』 2858.

13) 문선명선생말씀편찬위원회, 『문선명선생말씀선집』 제567권 (서울: 성화출판사, 2011), 118.

그러므로 종말을 맞이하여서 창조본연의 하나님과 인간과 손자 손녀들을 복귀한 입장에서 참부모, 참자녀라는 호칭을 사용하게 되었다. 그러므로 하나님과 인간이 참부모 참자녀의 관계를 갖는 신인지관계(神人之關係) 부자지인연(父子之因緣)라는 것을 아는 것이야말로 최고의 깨달음을 얻는 각자(覺者)의 경지이며, 여기서부터 행복의 출발이 시작된다.

'참'이란 접두어가 붙은 것은 이제 비로소 재림주님의 강림을 맞이하여서 창조본연의 진리를 중심하고서 새 하늘과 새 땅을 여는 천지개벽시대가 도래했음을 강조하기 위해서이다. 사탄세력에 의하여 상실된 '참'(True)이 문선명 한학자 독생녀 참부모에 의하여 찾아졌고 축복가정 속에서 세워진 것이다.

> **"사탄이 아벨을 죽여서 참을 없애버리려고 했으니 참된 전통이 세워진 이때에 있어서 거짓은 자동적으로 물러가는 거예요. 그것이 말씀을 중심삼고 무장을 완결해 있어야 된다 이거예요."[14]**

하나님의 창조원리에 의하면, 하나님의 창조이상은 남성인 아담(Adam)과 여성인 해와(Hawah)가 하나님이 베푸시는 결혼 주례를 받고서 부부가 되어서 자녀를 낳고 참가정(True Family)을 이룰 때에 형성된다. 하나님은 제1참부모가 되고, 아담과 해와는 제2의 참부모가 되어서 에덴동산을 이루었을 것이고, 그들의 자녀는 제3의 참부모가 되었을 것이다. <하나님-아담과 해와-자녀>의 3대에 걸쳐서 참부모 하나님의 선한 혈통이 참자녀들이 모인 참가정 속에서 정착하게 되었을 것이다. 그 때에 이미 지상천국과 천상천국이

---

14) 문선명선생말씀편찬위원회, 『문선명선생말씀선집』 제525권(서울: 성화출판사, 2011), 195.

이루어졌을 것이다. 불행하게도 아담과 해와가 타락으로 인하여 참부모가 못되었기에 메시아는 부부로 강림하시어 인류를 중생시켜 주어야 한다는 과제로 인류사에 남아져 왔다. 특히 각 종교들마다 미래에 최종적인 진리를 가르쳐 줄 위대한 지도자의 강림을 고대하여 왔다. 문선명 참부모는 그런 대망의 최종 지도자로서 탄강하셨고, 고난으로 점철된 그의 생애 전반에 걸쳐서 총합적인 리더십을 발휘하였다.

구약과 신약에서 강조하는 메시아(Messiah)는 최고의 리더십을 갖고 오시는 분이다. 그는 종교, 교육, 문화, 경제 등의 제반 영역을 이끄는 통합적 리더십을 갖고 오시는 분이다. 왜냐하면 타락 인간이 만드는 비원리적, 타락성을 공유하는 공동체를 창조주되시는 하나님이 바라시는 창조이상공동체로 전환시키기 위하여 메시아가 오게 될 것인데, 따라서 그는 종교 영역만 개혁해서는 안 되는 것이다. 그는 인간 삶의 전체 영역에 침투해 있는 사탄성품이나 요소를 빼버려야 한다. 그래서 일찍이 구약의 예언자인 이사야(Isaiah)는 메시아가 왕(王)으로 오셔서 구원의 사역(使役)을 추진할 것이라고 예언하였다.(사)

예수그리스도는 다시 오실 것을 예언하면서 그 이전까지 보혜사(保惠師) 성신(聖神)을 보내줄 것을 약속하였다. 성신은 여성성을 갖고서 모성애적인 능력을 발휘하여서 기독교 성도들에게 지금까지 위안을 주고 격려를 하여 왔다. 그러나 재림메시아의 강림과 함께 성신은 재림메시아의 아내가 된다. "성신은 메시아의 아내, 참어머니로 오시어 타락인간을 다시 낳아주신다."[15] 성신의 개념이 "메시아의 아내"라는 점을 기독교인들은 분명히 알아야 할 것이다. 재

---

15) 세계기독교통일신령협회, 『원리강론』(서울: 성화출판사, 1966. 2006(42쇄)), 235-236.

림메시아 강림과 함께 종말의 시대가 되었지만, 여전히 성경의 성신 개념을 보혜사로 이해하게 되면 새 시대를 맞이하지 못하는 어리석음을 범하게 된다. 종말의 기독교 성도들일수록 성경 해석이 어떻게 전개되는지를 두고 잘 판단해야 한다. 그렇지 않으면 그들이 힘들게 쌓아 온 정성의 기반이 물거품이 될 것이다. 안정수는 가정연합과 기독교의 성신 이해 차이를 박사 논문으로 정리하였고, 성신은 한학자 독생녀 참부모로 정리하였다.[16]

종말의 선언과 함께 새 시대의 도래를 선포하는 성약시대(成約時代)는[17] 문선명 한학자 독생녀 양위분의 성혼식(聖婚式)으로부터 시작되었다. 이 두 분은 1960년 3월 27일(음3.1)에 가약식을 올렸고, 4월 11일(음3.16)에 성혼식을 올렸다. 이날은 경천동지(驚天動地)할 날이었다. "성혼식은 기독교인들이 대망해 온 어린양 잔치였다(계19:1-11)."[18] 이로써 두 분은 참부부가 되었고, 참자녀를 낳으시어 '참부모'(True Parent)가 되셨다. 참부모라는 단어로서 새 희망의 세기인 성약시대가 본격적으로 열렸다. "하나님은 종적인 무형의 참부모가 되시고, 인간은 횡적인 실체 참부모가 될 수 있는 시대"[19]가 문선명 한학자 독생녀 참부모에 의하여 인류 앞에 전개되었다. 그러므로 성약시대의 리더십의 출발과 핵심과 뿌리는 참부모

---

16) 안정수, 『세계평화통일가정연합의 성신 이해에 관한 고찰』 (아산: 선문대학교 신학 박사 학위 논문, 2016.6), 2. 기독교가 고대해 온 성신이 가정연합에서 한학자 참부모라고 규정하였다.

17) 성약은 구약과 신약의 내용을 성취한다는 의미를 담고 있다. 성약시대는 광의적으로 문선명선생이 새 진리를 찾을 때부터 시작되었으나, 1954년 5월 1일 세계기독교통일신령협회(통일교회) 출발과 함께 제도적으로 시작되었다고 볼 수 있다. 기독교인들이 통일교회로 입교하여서 그들이 자발적으로 성약시대를 선포하여야 하였다. 40년간 인내하면서 기독교인들을 맞이하기 위하여 초교파활동 등 온갖 방법을 동원하였으나 기독교인들은 반대와 박해와 고난으로 응수하였다. 마침내 1993년 4월 10일에 '참부모와 성약시대'가 선포되었고, 5월 13일부터 미국의 주요 12개 도시를 시작으로 세계에 성약시대를 선포하였다. 참부모와 성약시대 선포(1993. 4. 10)가 1954년 협회창립일로부터 40년만에 있었고. 160개국에 동시에 '참부모와 성약시대' 선포되었다.

18) 선학역사편찬원, 『참부모님 실록』 (서울: 성화출판사, 2017), 32.

19) 세계평화통일가정연합, 『참부모경』 (서울: 성화출판사, 2015), 24.

사상이다. 참부모로부터 하나님의 혈통이 인류에게 주어지게 될 것이다. 사탄 혈통이 하나님 혈통으로 전환되는 대역전극이 벌어지게 된다. 그것이 문선명 한학자 독생녀 양위분이 주도한 국제축복결혼식이다.

인간은 하나님의 창조원리 프로그램에 의하여 남녀가 만나고, 가정공동체를 형성하면서 살게 되어 있다. 혼자 고독한 존재로서는 살 수 없다. 결혼을 하여서 부부가 되고 최소공동체인 가정을 이루면서 사는 것이 모든 인간이 걸어야 할 삶의 노정(路程)이다. 이는 인간이 탄생하기 이전부터 정립된 하나님의 창조계획으로써 선유적 조건(先有的 條件)이다. 그래서 성경에는 "여호와 하나님이 가라사대 사람의 독처하는 것이 좋지 못하니 내가 그를 위하여 돕는 배필을 지으리라 하시니라."(창세기 2:18)고 기록되어 있다.

결혼은 하나님의 창조계획 중에서 중요한 부분이 된다. 결혼한 부부 가정에서는 자연히 자녀가 탄생하게 된다. 그러므로 하나님이 아담과 해와 및 현재의 우리들에게 바라시는 것은 하나님을 중심하고 모심의 생활을 하는 참가정(True Family)을 이루는 것이다.

하나님은 창조주로서 인간이 살 수 있는 환경으로서 만물을 먼저 지으시고서 "보기에 좋았다."(It was good)라고 하셨다. 그런 후 당신의 형상(God's Image)을 닮은 마지막 피조물인 인간을 '남자와 여자'의 한 쌍으로서 짓고 나서는 "아주 기쁘다"(tov meoth, very good)라고 하셨다. 남자 앞에서는 여자가 아름다움의 실체로 다가오고, 여자 앞에서 남자는 사랑의 주체자로서 멋을 갖고 다가온다. 선남선녀(善男善女)가 만나서 부부가 되면 사랑과 미(美)를 주고받으면서 자녀를 낳아서 최소한의 공동체인 가정을 형성한다. 부부는 주체와 대상으로서 격위를 가지며, 남편은 사랑의 리더십을 발휘하고, 아내는 아름다움의 리더십을 표현한다. 이것은 인간이 갖는 부부상호리더십이다. 그리고 부부 일체가 되면 사랑과 미의 주체가 자리 이동이 되어 격위가 교체되므로 부부는 사랑과 미의 상호 교체리더십을 나타낸다. 그들의 사랑과 미의 조화는 지상에서 천국을 이루고, 육신 사후에는 영계에서도 지속되면 천상천국을 이룬다. 그리하여 그들은 영원히 즐거움과 기쁨을 공유하면서 청춘의 모습으로 살게 된다. 이것이 하나님의 창조계획이다.

참가정은 하나님을 참부모로 섬기면서 참사랑(True Love) 안에서 부부가 서로 존중하여 화합과 조화를 이루고, 부모와 자녀 사이에도 소통이 이뤄지고 하나가 되는 기쁨의 공동체(Joyful Community)이다. 하나님이 제1참부모가 되시고, 문선명 한학자 독생녀 양위분이 제2의 참부모가 되시고, 세계평화통일가정연합(이하 '가정연합'으로 약칭함) 식구(食口)[20]들이 제3의 참부모가 된다. 제1-제2-제3 참부모는 영원히 세대를 초월하여서 계될 것이다. 태초에 하나님도 이런 3대에 걸친 참부모 참자녀가 형성하는 참가정을 고대하셨다.

가정에서는 부모와 자녀 사이에 부자지간의 위격(位格)이 존재하지만, 참사랑 안에서 부모와 자녀는 친구처럼 지내기도 한다. 그래서 참부모가 되시는 하나님도 참자녀가 되는 인간을 대하시면서 때로는 친구처럼 지내시기를 원하신다. 하나님과 자녀인 인간은 "영원한 친구"[21]사이로서 지내게 된다. 그런 경지가 신인일체(神人一體)의 이상적인 존재 양태이다. 하나님을 부모로 섬기면서 때로는 친구와 같이 흉허물이 없는 소통관계를 관계를 갖는 것이 천일

---

20) 1954년 세계기독교통일신령협회 창립부터 신도(信徒)를 식구라고 호칭하여 왔다. 이는 하나님을 부모로 섬기는 인류대가족이라는 개념이 전제되어 있다.

21) 문선명선생말씀편찬위원회, 『문선명선생말씀선집』 제571권, 18.

국 백성이요 영원한 세상의 주인공이다.

이처럼 인간은 더불어 살면서 더 큰 기쁨과 행복(幸福, happiness)을 느끼면서 살게 된다. 하나님이 태초의 창조 당시에 추구하였던 것은 아담과 해와가 중심이 되었던 에덴동산(יָּעֵ, 기쁨과 환희와 행복의 세상)이었다. 날마다 일일우일신(日日又日新)하면서 하나님께 영광과 찬양과 찬미를 드리면서 행복한 일상(日常)의 연속이 바로 천국(天國)이다. 그것이 인간 존재목적이고 미래 발전 방향이다.

2. 연구의 필요성 및 문제제기

참부모님이 93세의 생을 마감하고 다 이루었다는 것은 하나님의 섭리의 큰 뜻을 완성하고 성화하였다는 의미이다.

종말을 장식할 재림메시아, 참부모께서는 인류 모두가 함께 느끼는 행복의 극치 시대를 열 것이다. 『원리강론』은 첫 시작 문장을 행복 개념으로 잡았다.

> "인간은 누구나 불행을 물리치고 행복을 찾아 이루려고 몸부림 치고
> 있다."[22]

문선명 한학자 독생녀 참부모 양위분은 참행복을 인류에게 가르치고 체험하게 해주시는 사명을 갖고 오셨다. 행복은 혼자 이룰 수 없다. 행복해지기 위하여 짝(pair)이 필요하다. 무형의 하나님 앞에서 행복의 파트너가 되기 위하여 인간은 창조되었다. 하나님은 당신의 자녀인 인간에게 한량없는 복을 주고 싶어 하신다. 사탄 혈

---

22) 세계기독교통일신령협회, 『원리강론』 1.

통을 정리하고 하나님의 참혈통 전환에 승리한 참자녀에게 당신의 대신자와 상속자가 될 권한을 부여하시고, 복을 주신다. 그런 사람이 참된 복을 받은 자이다. 모든 인간은 창조본연의 하나님 혈통을 가진 참자녀가 되어야 하고, 하나님의 대신자, 상속자가 되어서 복된 삶을 살아야 한다. 지상천국 주인공으로서 살다가 성화(聖和)하면 영계에 가서 천상천국의 주인공으로서 영원한 행복을 향유하며 영생한다. 참부모님은 거시적 미시적 양면의 차원에서 참행복을 가르쳐 주시고 실제로 우리에게 제공해 주셨다.

> **"하나님의 대신자가 되고 하늘나라의 모든 것을 상속해 줄 수 있는 사람이 복 받은 사람이다."[23]**

그래서 재림메시아로 강림하신 참부모의 리더십의 핵심은 "모든 인류로 하여금 하나님의 대신자, 상속자가 되게 하고, 참가정을 이루어서 참부모가 되게 하여서 하나님이 태초부터 준비하신 크고 영원한 복을 받게 인도하는 것이다." 그렇게 하기 위하여 참부모님은 때로는 장군의 리더십, 부모의 리더십, 스승의 리더십, 주인의 리더십 등 상황에 따라서 다양하게 리더십을 표출하시게 된다. 문선명참부모님은 "총체적인 리더십"(Wholistic Leadership)을 발휘하시는 분이다. 또한 그만큼 참부모께서는 복잡 다양한 일을 하셔야 하므로 심히 육신이 고달픈 삶을 사셨다. 문선명참부모께서 일생동안 힘들게 사신 것은 인류를 일깨워서 하나님이 태초부터 준비하신 복을 주시기 위함이었다. 나아가서 영계에 있는 무수한 영인(靈人)들에게도 복을 베풀어 주셔야 하므로 그야말로 그는 초인적인 삶을

---

23) 문선명선생말씀편찬위원회, 『문선명선생말씀선집』 제553권, 320.

살지 않을 수 없었다. 문선명참부모님은 일생을 힘들게 사셨다. 6번이나 옥고를 치렀고, 모진 고문을 당하여 목숨을 잃는 경지에까지 가셨다가 다시 부활하셨다. 그러나 그는 기어코 승리하셨고, 참부모가 되셨고, 왕이 되셨다.

그러므로 참부모님의 탄강 이후로 모든 인류는 종합적 리더가 되시는 "참부모님을 따라서 천국으로 들어가야 하고"[24], 참부모님을 대신하여 종족메시아(Tribal Messiah)로서 소명을 받은 식구들은 세상 이웃 앞에서 참부모가 되어야 한다. 천국은 칠흑같은 죄를 범한 자도 용서를 받고서 천국에 들어갈 때 완성된다. 한 사람이라도 천국 밖에 있으면, 그런 천국은 미완성의 천국이다. 모든 인류, 영계의 모든 영인들, 나아가서 모든 만물들도 해원된 상태에서 기뻐하고 춤을 출 때에 천국은 완성된다. 그러나 죄인들을 자연 굴복시켜서 천국 백성으로 만드는 것이 결코 쉽지 않은 일이다. 그만큼 인내와 노력과 열정과 시간이 요구된다. 메시아와 성도들, 참부모와 식구들은 죄가 없지만 타락 혈통을 지닌 죄인들을 구원하기 위하여 대속(代贖) 고통을 지게 되었다. 의인이 지는 탕감(蕩減)을 통하여 죄인들의 잘못이 씻어질 수 있다는 탕감법이 적용되었다.

문선명 참부모님께서는 마지막 성화하실 때까지 천주평화통일국(이하 '천일국')[25] 창건을 위하여 사생결단, 전력투구, 실천궁행하셨다. 그의 존재 목적은 천일국 창건을 위한 초석을 놓는 것이었다. 그의 리더십도 결국 천일국 창건에 집중되어 있었다. 우리들의 임무는 그 초석을 중심하고 아름답고 훌륭한 건축을 하는 것이다. 즉 참부모님이 각 분야마다 개척을 하신 것을 우리들이 잘 발전시켜

---

24) 문선명선생말씀편찬위원회, 『문선명선생말씀선집』 제571권, 199.

25) 세계평화통일가정연합 역사편찬위원회, 『통일교회실록』 545. 2001년 10월 29일부터 한국에서 천주평화통일국 대회가 개최되었다. 이어서 일본과 미국을 비롯한 세계로 확산되었다.

나가야 한다는 것이다. 그는 종교, 교육, 예술, 스포츠, 축복결혼식, 경제, 정치, 낚시를 비롯한 해양문화, 승공운동, 국경선 철폐, 등 실로 총합적인 리더십을 발휘하였다. 그 스스로 "선생님이 손을 안 댄 분야가 없어요."[26] "선생님이 다방면에 손댄 그 분야를 중심삼고 거기에 맞는 체제적 주체권에 속해서 일생을 하늘 백성으로서 충신의 도리, 성인의 도리를 완성할 수 있는 가정이 돼야 된다 구요."[27]라고 하면서 제자이며 참자녀이며 축복가정인 우리들이 당신의 뜻을 계승하여 성취할 것을 당부하셨다. 그러므로 우리도 참부모님의 리더십을 따라야 할 것이고, 우리가 배워야 할 핵심 콘텐츠는 <총합적인 리더십으로 천일국을 창건하는 것>이 되어야 할 것이다.

무형의 참부모 하나님은 몸을 갖고 실체 하나님으로 오셨던 문선명 참부모를 통하여 참된 리더십, 총합적 리더십이 어떤 것인지를 잘 보여주셨다. 우리도 그런 내용을 따라가야 한다. 참부모는 권위보다도 참사랑의 주인이요 원천이 되시고, 몸소 본보기를 보여주셨다. 그러므로 우리는 세상에 널리, 지구촌 구석구석까지 참부모님의 생애와 사상을 전파해야 한다. 이런 사명감을 갖게 하는 것을 본 논문이 도울 수 있을 것이다.

3. 연구 방법

본 고찰에서는 문선명, 한학자 독생녀 참부모의 13가지 리더십을 중심으로 분류하고 고찰하였다. 그가 남긴 수신학(數神學, Number Theology)에서 13수는 기존의 기독교가 갖는 부정적인

---

26) 문선명선생말씀편찬위원회, 『문선명선생말씀선집』 제564권, 130.
27) 문선명선생말씀편찬위원회, 『문선명선생말씀선집』 제569권, 12.

이미지와는 전혀 다르게 긍정적인 관점에서 강조되었고, 새 역사 창조의 이미지를 갖는 것으로 해석되었다. 통일사상에는 이상 가정론과 영계론, 천국론이 없습니다. 현재 11개 항목으로 되어 있는데 그것을 집어넣어 13개 항목으로 만들어야합니다.[28] 이를 따라서 문선명 한학자 독생녀 참부모의 리더십을 13가지로 분류하였다. 그리고 이 13가지를 기준으로 하고서 구약성경과 신약성경 및 다른 세계 종교지도자들의 리더십을 분석 비교하였다.

이 13가지를 나누는 범주로는 문선명 한학자 독생녀 참부모의 핵심사상에 속하는 <3대 축복, 3대 주체사상, 공생공영공의>를 선택하였다. 원리강론에서 가장 많이 인용되는 '3대 축복'(개성, 가정, 만물주관 완성)과 관련하여 (1)비전 리더십 자기관리 철저[29], (2)셀프 리더십, (3)기도 리더십, (4)카리스마 리더십, (5)영성 리더십 (육계와 영계의 통합, 죽음의 신비에 대한 해석) 등이 있다.

그리고 제2의 번성축복은 (6)참부모 리더십(구원자로서의 리더십, 하나님 해방), (7)참가정 리더십, (8)참스승 리더십(교육자, 교육기관 설립)이 있다. (9)서번트 리더십이다. 제3의 만물주관성 완성은 이와 관련하여 (10)참주관 리더십, (11)임파워먼트 리더십(권한 분배), (12)군사 리더십(공산주의 척결, 승공통일, 통반격파, 카우사, 아울라, 구국세계대회), (13)문화 리더십(세계문화체육대전, 발레, 무용, 오케스트라)이 있다.

이상의 범주를 요약하여 도표로 구분하면 다음과 같다.

---

28) 효정 참부모님 말씀편찬위원회, 『참부모경』. (서울: 성화출판주식회사, 2015), 908.
29) 2017.3.28. 제58주년 참부모의 날 기념식 황선조 초장 증언 "참부모님은 빈틈이 없도록 자기 관리를 잘 하신다. 원도고 확인하시고, 옷을 입으실 때에도 단추를 잠그시고, 장감 단추도 꼭 잠그신다."

순	범주	세분 내용	비고
1	제1축복 개성완성 축복 (5가지)	비전 리더십	생육
		셀프 리더십	
		기도 리더십	
		카리스마 리더십	
		영성 리더십	
2	제2의 가정완성의 축복 (4가지)	참부모 리더십	번성
		참가정 리더십	
		참스승 리더십	
		서번트리더십	
3	제3의 주관성 완성의 축복 (4가지)	참주관 리더십	만물 주관
		임파워먼트 리더십	
		군사 리더십	
		문화 리더십	

　　13수의 의미에 대해 고찰해 보자. 리더십을 13가지로 선정한 것은 문선명참부모님께서 생애에 13수에 특별한 의미를 부여하셨고, 천일국 3대 경전에 속하는 『천성경』[30]과 『참부모경』[31]도 13개의 대주제로 구분되어 있고, 천지선학원에서 준비 중인 청평단지의 '천지선학원 참부모님 생애 전시관'에서도 설치할 존(zone)을 13가지로 구분하는데[32], 이런 것들에서 본 논문의 참부모리더십을 13가지 주제로 분류하는 근거를 찾았다. 천일국 경전 중에서 문선명 참부

---

30) 세계평화통일가정연합, 『천성경』(서울: 성화출판사, 2013), 5. 13주제는 다음과 같다. (1)하나님, (2)참부모, (3)참사랑, (4)참인간, (5)참가정, (6)참만물, (7)지상생활과 영계, (8)신앙생활과 수련, (9)가정교회와 종족메시아, (10)평화사상, (11)예식과 명절, (12)천일국, (13)평화메시지

31) 세계평화통일가정연합, 『참부모경』(서울: 성화출판사, 2015), 5. 13개 주제는 다음과 같다. (1)참부모님 현현과 참부모님 시대, (2)참부모님 성탄과 소명, (3)공식노정 출발과 세계기독교통일신령협회, (4)축복결혼을 통한 인류 구원, (5)섭리기반 확대와 연두 표어, (6)세계순회와 세계선교, (7)참부모님의 수난 노정과 승리, (8)남북통일과 세계평화 실현, (9)심정문화세계를 위한 언론 교육 예술활동, (10)환경창조와 해양 중-남미 섭리, (11)초종교평화운동과 영계 해방 섭리, (12)세계평화통일가정연합 창립과 여성시대 섭리, (13)복귀섭리 완결과 천일국 정착

32) 생애전시관을 13개 주제로 구분하여 준비하고 있다. (1)참부모님 탄생, (2)성혼, (3)원리와 말씀, (4)축복, (5)교회창립과 세계선교, (6)수난과 승리, (7)냉전 종식, (8)통일운동, (9)평화운동, (10)심정문화, (11)해양섭리, (12)천일국, (13)참부모님,

모의 연설문을 모은 『평화경』은 10개의 주제로 편집되었다.[33] 종교의 경전에서 수신학 혹은 숫자와 관련한 문화가 반영되어야 창교자의 생애와 사상이 보다 의미있고 관심과 흥미를 유발할 수 있을 것이다. 이 평화경도 13수를 맞추었으면 좋았을 것인데, 그러지 못한 것은 유감이다.

그리고 문선명참부모님은 숫자에 특별한 의미를 부여한 경우가 많다. 그의 말씀에는 수신학(數神學, Number Theology)이 빈번하고 강하게 나타난다. 이는 구약과 신약 성경의 전승 맥락을[34] 잇고 있다. 수가 갖는 상징적 의미는 성경이나 세계종교들에서 보편적으로 나타난다. "종교에서 숫자는 양적인 의미뿐만 아니라 상징적 의미를 갖는다."[35] 인간의 일상사에서 숫자는 필수적이며, 또한 상징적 의미로도 활용 된다[36]. 특히 숫자는 종교와 관련하여 상징적 의미를 강하게 함의한다.

문선명참부모님이 강조한 숫자는 1,2,3,4,5,6,7,8,9,10, 12, 13, 16, 21, 24, 28, 33, 34, 36, 40, 43, 430, 777, 1800, 6000, 등이 있다. 그는 수를 활용한 새 신학사상 선포를 아주 중요하게 여겼다. 예를 들면, 1997년 음력 7월 7일 아침 7시 7분 7초, 문선명 참부모님

---

33) 세계평화통일가정연합, 『평화경』(서울: 성화출판사, 2013), 5. 10개 주제는 다음과 같다. (1)참평화의 근본원리, (2)하나님의 조국과 평화 왕국, (3)종교와 이상세계, (4)인류를 구할 참가정운동, (5)절대가치와 새로운 질서세계, (6)이상세계의 주역이 될 여성, (7)심정문화세계 창건을 위하여, (8)한국통일과 세계평화, (9)국경선 철폐와 세계평화, (10) 참부모는 하나님과 인류의 소망.

34) 엄원식, 『구약 성서의 수(數) 신학』(대전: 침례신학대학 출판부, 1984). 구약성경에 등장하는 다양한 숫자에 대한 의미를 추구하였다. 1, 2, 3, 4, 7, 12, 40, 70, 100, 1000 등의 숫자가 주요한 신학적 이론의 근저를 제공한다.

35) J.C. Cooper, An Illustrated Encyclopedia of Traditional Symbols, 이윤기 역, 『그림으로 보는 세계 문화 상징 사전』(서울: 까치글방, 1996), 233.

36) 예를 들면 1919년 3월 1일에 낭독된 독립선언서에 서명한 독립투사가 33인이었기에 현재에서 송구영신 집회 및 8.15 광복절 기념식 타종을 33번 친다. 그리고 양(陽)을 상징하는 3수가 두 번이나 겹쳐 있어서 더 좋은 숫자로 와 닿는다. 우리의 전통 문화에는 홀수는 양(陽, 밝음)을 상징하고, 홀수는 음(陰)을 상징하였다. 그래서 장례식에 3일장, 5일장을 주로 선호한다. 조의금이나 축의금에서도 돈 금액이 3만원 5만원 7만원 등의 양수 개념이 반영된 금액이 주로 사용된다. 요즘은 편리상 10만원을 많이 선호하기도 한다.

77세를 맞추어서 천지부모 천주안식권을 선포하셨다. 7수가 8개가 들어가므로 7·8절이라고 부르게 되었다. 그리고 새해 시작인 0시 기도 행사를 갖거나, 각종 명절 행사를 진행 때에도 사회자가 10초 전부터 카운트다운을 시작하였다.

12수에 1을 더하면 13수가 된다. 12수는 사위기대가 우리의 일상 생활애서 전개된 것이다. 1년도 12달이고, 인체의 갈비뼈도 좌우 12개씩이다. "예수그리스도의 제자도 12명이었고, 여기에 그를 합하면 13수가 되었다."[37] 만약 예수그리스도께서 결혼에는 실패했지만, 제2차로 당신과 사생결단할 수 있는 13인의 공동체를 형성했다면, 십자가 고난을 피할 수 있었을 것이다. 십자가 사건은 그의 결혼 실패와 함께 "예수그리스도를 중심하고 12명의 제자들이 하나가 되어서 13수를 채우는데 실패"[38]하였기 때문에 발생한 불행이었다.

문선명, 한학자 독생녀 참부모님은 13수를 자주 주요한 선포식에서 길일로 택하셨다. 천정궁 입궁식과 대관식도 2006년 6월 13일이었다. 특히 천일국이 실(9)체로 전개되기 시작하는 기원절이 2013년 1월 13일(음)이었다. 13수가 이중으로 강조되었다. 이처럼 가정연합에서는 13수가 강조된다. 기독교에서는 13수를 싫어하고 금요일 13수가 되면 이중으로 싫어하고 재앙이 생길까 두려워한다. 예수그리스도가 처형을 당한 금요일, 13일이었기 때문이다. 그러나 참부모님께서는 기독교와 전혀 다른 해석을 하셨다. 13수를 길수(吉數)로 보셨고, 꼭 복귀시켜야 할 숫자로 선택하시고 각종 중요한 행사를 13수에 맞추셨다. 문선명참부모께서는 기독교와 다른 종교아 다른 차별화된 새로운 신학 사상 및 종교 사상을 선언, 선포하셨

---

37) 문선명선생말씀편찬위원회, 『문선명선생말씀선집』 제566권, 15.

38) 문선명선생말씀편찬위원회, 『문선명선생말씀선집』 제570권, 39.

는데, 그것들 중에서 숫자와 관련한 것이 특이하다. 13수를 특별한 의도를 갖고 길일(吉日)로서의 날짜 선택에 적용하거나 자녀 출산에도 적용한 것을 직접 훈독회 시간에 설명한 경우도 있다.[39]

　　다시 요약하자면 본 논문 연구 방법은 문선명 한학자 독생녀 참부모가 강조한 13수에 맞추어서 그가 남긴 리더십을 13가지로 기본 패러다임을 결정하고, 이 13가지를 중심으로 유대교, 기독교, 불교, 유교, 이슬람교 등의 종교 창시자의 리더십을 비교 고찰하였다.

4. 선행연구

　　인간은 창조 본성적으로 공동체를 형성하게 되어 있고, 공동체에는 그 규모가 크든 작든 지도자(리더, Leader)가 선출되고, 그의 지도력, 리더십에 따라서 공동체의 운영 방향이 결정된다. 지도자의 판단이나 언행은 공동체 전체의 성장과 후퇴 및 운명과 직결된다. 그러므로 지도자가 되기 이전에 충분한 이론 및 실제 분야에서 충분한 지식을 쌓고 경험을 쌓아야 한다. 그런 인물이 지도자, 대표자로 선출된다. 가정에서의 부모리더십, 종교지도자 및 성직자의 리더십, 교사의 리더십, 정치지도자의 리더십, 행정 및 기관지도자의 리더십, 군사지휘관의 리더십, 회사 상사의 리더십, 등 지도자는 무수히 많고 그만큼 지도자의 리더십은 중요하다. 지도자의 직책이 크고 중요할수록 리더십은 더욱 신중하고 세분화 된다.

　　본 고찰에서 다루고자 하는 종교공동체에 있어서도 종교창설

---

39) 문선명선생말씀편찬위원회, 『문선명선생말씀선집』 제573권, 145. 한국의 팔도강산이 13도예요. 제주도까지 13도예요. 팔도강산이 놀라운 말입니다. 13도가 됐지요? 13수입니다. 6월의 13수, 2013년 1월 13일! 백합을 보게 되면 잎이 여섯 잎이고, 순이 여섯이고, 맨 위까지 하면 열 셋이에요. 백합은 신부를 상징해요. 열 세 아들을 길러 가지고 보내야 된다는 거예요. 그러니 선생님이 20년 동안에 열 셋 이상 자녀를 낳아야 돼요. 그러니까 어려워요. 안 되면 안돼요.

자, 종교지도자, 성직자의 리더십은 아주 중요하다. 그의 리더십은 교단의 교리, 의례, 각종 문화 행사 등에 직접적인 영향을 미치게 된다.

2006년에 신동국이 석사 논문에서 "종교지도자의 리더십 연구"[40]에서 구약성경과 신약성경에 언급된 인물들의 리더십과 문선명 선생의 리더십을 8가지로 구분하여 비교하였다. 8가지 주제는 기도, 카리스마, 말씀, 비전, 섬김, 신유(神癒), 군사, 사랑이었다. 그러나 이것은 문선명 참부모께서 생존시의 활동을 중심한 것이었고, 또한 13수의 깊은 수 신학적 의미에 대한 분석이 없었고, 기독교 종교지도자 리더십 유형을 우선적으로 따라서 리더십 유형을 분류한 것으로써 한계가 있다.

이 논문의 한계를 극복하기 위하여 본 연구에서는 문선명 참부모의 생애와 사상을 중심하고서 리더십을 분류하였고, 이것에 맞추어서 유대교와 기독교의 종교지도자들의 리더십을 분석하였다. 특히 2012년 9월 3일(음7.17)에 성화(聖和)하신 것까지 총합한 고찰이므로 종교지도자로서 문선명 참부모의 리더십에 대한 종합적인 분석이 될 수 있다. 리더십 주제도 13가지로 확대하였다. 이 13가지 선정 근거와 내용을 앞에서 상술하였다.

기독교의 리더십 분류에 대하여 앤드류 사이델(Andrew Seidel)은 8가지로 구분하였다. 그것은 "순례, 그리스도 안에서 정체성, 성실성, 친밀함, 성품, 관계, 비전, 기술이다."[41] 백기복은 "21세기 리더십과 목회"에서 6가지를 제시하면서 21세기의 급변하는 변화에 따라가야 한다고 강조하였다. "목표에 대한 도전하는 자세,

---

40) 신동국, 『종교지도자의 리더십 연구 : 성서의 지도자들과 문선명 선생의 리더십 비교 연구』 (아산: 선문대학교 신학석사학위논문, 2006).

41) Andrew Seidel, Charting a Bold Course, 이남정 역, 『전방향 리더십』 (서울: 국제제자훈련원, 2005), 1.

배려, 비전 구축, 변화를 주도하는 기술, 다면적 조율, 육성과 지원이다."[42] 베니스는 21세기 리더십의 특징은 비전을 공유(align)하고 창조하고(create) 권한을 위임(empowerment)하는 것으로서 ACE이다."[43]고 하였다. 정원범은 21세기에 '좋은 교회'로 인정받고 성장하기 위하여 4가지를 제시하였다. "진리와의 만남(orthodoxy), 내가 관계하는 주변 사람들의 필요와 만남(community), 시대와 접촉하기(relevance), 다른 사람들의 필요와 만남(outreach)이다."[44] 그 외에 '정보화, 문화, 희생, 영성, 전략' 등을 리더십의 주요 콘텐츠로 꼽았다.

전병욱은 삶의 현장을 영적 전쟁터로 전제를 하면서, "영적 무장과 예수그리스도가 보여준 영적 전술전략으로 승리하기"[45]의 2가지를 강조한다. 한홍은 구약성경의 여호수아 생애를 토대로 하여서 리더 유형을 크게 3가지로 구분하였다. "순종하는 리더, 도전하는 리더, 비전을 완성하는 리더"[46]로 세분하였다. 순종하는 리더가 갖추어야 할 리더십은 "하나님 말씀 듣기, 팔로워십에서 시작하기, 한 걸음씩 내딛기, 거룩한 패기로 새 역사를 창조하기"이고, 도전하는 리더가 갖추어야 할 리더십은 "영성, 믿음, 패배 불식(拂拭), 하나님이 임재하실 자리 만들기, 성공을 경영하기"이다. 비전을 완성하는 리더가 갖출 리더십은 "열정적으로 현장에 뛰어들기, 인재를 발굴하고 키우기, 비전을 보여주기, 칭찬하고 격려하기, 경험과 지혜를 전수하기이다"

---

42) 정원범 역, 『21세기 리더십과 목회』(서울: 한들출판사, 2005), 167-186.
43) 정원범 역, 『21세기 리더십과 목회』, 155.
44) 정원범 역, 『21세기 리더십과 목회』, 166.
45) 전병욱, 『영적 강자의 조건』(서울: 규장, 2003, 2005(17쇄), 14-15.
46) 한홍, 『리더여, 사자(lion)의 심장을 가져라』(서울: 두란노, 2004, 2006(21)), 5-7.

밥 애덤스는 현장형 리더인 팀장이 갖추어야 할 리더십을 19가지로 구분하였다. 그는 종교지도자와 무관하지만 회사 생산 현장에서 중간지도자인 팀장의 리더십이 회사 성패를 좌우한다는 입장에서 세분하였다. 19가지는 다음과 같다. 커뮤니케이션, 동기부여, 코칭, 임파워먼트, 팀워크, 시간 관리, 갈등 관리, 변화관리, 인재 채용, 직원 평가, 문제 직원 다루기, 직원 관리, 자기표현, 자기관리, 실수에서 배우기, 자발적 참여, 솔선수범, 신세대 노동력, 지속적인 교육 등이다.

신완선은 21세기를 맞이하는 시점에서 한국의 미래 비전을 예견하면서 『컬러 리더십』이란 저서를 출간하였다. 이는 한국 역대 대통령들의 리더십을 무지개 7가지 색을 따라서 구분하였다. 파란색 지식형 슈퍼 리더, 주황색 브랜드 리더, 노란색 사이드 리더, 초록색 파워 리더, 남색 비전 리더, 빨간색 섬김의 리더, 보라색 리더 등이다.[47] 이 7가지 리더십 중에서 종교지도자와 관계되는 것은 빨간색 리더십이다. 이는 사랑과 구성원들 사이의 네트워크를 강조하는 것이며, 역삼각형으로 공동체를 이해하고, 리더는 제일 밑에 위치하고, 다른 공동체 구성원들을 섬기는 자세를 갖는다. 이는 통상적으로 공동체를 삼각형으로 보고서 리더가 그 최상의 꼭지점에 위치하면서 공동체 구성원들을 지배하는 개념과 반대이다.

주황색리더십은 남들과 달리 톡톡 튀는 새 아이디어로써 경영의 승부를 결정하는 형식이다. 파란색 리더십은 전문적 자질을 갖춘 인재 양성에 초점을 두는 것이다. 남색리더십은 장기적인 비전을 제시하면서 공동체를 이끌고 가는 유형이다. 노란색 리더십은 미래를 명령하면서 미리 예방책을 세우면서 안전한 공동체를 이끄

---

47) 신완선, 『컬러 리더십』 (서울: 더난 출판사, 2002), 7.

는 유형이다. 초록색 리더십은 강한 파워를 가지고서 가시적인 목표를 제시하고 지속적인 혁신을 추구하면서 공동체를 이끈다. 보라색 리더는 약점을 강점으로 바꾸면서 변혁적으로 이끄는 리더이다.

II. 문선명참부모의 생애

1. 소명전의 특징

1) 탄생을 전후한 특징

하나님께서는 자신의 성전이자 실체대상인 인간 조상 아담과해와를 창조하였지만 그들이 성장과정에서 타락함으로써 제2차 아담인 예수님을 세우셨다. 제2차 아담이 선민인 이스라엘의 불신으로 십자가에서 돌아가시게 도자 다시금 제3차 아담이 선민인 이스라엘의 불신으로 십자가에서 돌아가시게 되자 다시금 제3차 아담이자 재림주인 문선명 참아버님을 이 땅에 보내셨다. 그리고 제 3 해와인 실체성신이신 한학자 참어머님을 탄생하게 하셨다. 참부모님의 탄생은 하나님의 구원섭리사의 최종 목표이자 인류역사의 전환점이라고 할 수 있다. 양위분은 1960년 성혼을 통해 참부모님으로 현현하시기까지 준비과정을 거치셨다.

2) 참부모님의 성탄

1920년 1월 6일 평안북도 정주군 덕언면 상사리 2221번지 부친 문경유 모친 김경계님 사이에 6남7녀 중 둘째로 때어나셨다. 전형적인 농촌 환경에서 보내셨으며 자연에 대한 호기심과 탐구의 열의가 남달랐으며 어린나이에도 인근 사람들의 병고와 재난을 예견하는 등 특별한 영적인 감별력으로 주의 사람들의 관심을 가졌다. 7세부터 몇 곳의 서당에서 한문을 공부하셨고, 1934년 오산 사립보통학교를 거쳐 정주 공립보통학교 졸업하셨다. 경성상공 전기과를 입학하여 서울 학창시절 3년 동안 자취와 하숙생활을 통해 고행에 가까운 생활 훈련과 다양한 경험을 쌓으면서 학업과 신앙에 정진하셨다. 경성상공 실무학교를 졸업하신 후 일본으로 유학 와세대학부속 와세다고등공학교 전기공학과에 입학 원리규명과 체계화에 몰두하셨다. 탐구와 연구에 관심을 가졌다. 좌우명으로 '우주주관 바라기전에 자아주관 완성하라' 학기를 앞당겨 1943년 10월 중순에 귀국하였다.

참어머님 탄신은 1943년 음력 1월 6일 평안남도 안주군 안주읍 신의리 26번지 외가 한승운 모친 홍순애님 슬하에서 외동딸로 태어나셨다.

3) 어린이 시절

(1) 풀벌레와 나누는 우주이야기

어린 시절의 이야기를 자서전 평화를 사랑하는 세계인 50-51쪽에서는 "숲속에 있으면 마음이 밝아집니다. 나뭇잎이 바스락거리는 소리, 바람이 갈대를 흔드는 소리, 웅덩이에서 개구리 우는 소리가 온 자연의 소리만 들리고 아무런 잡생각이 나지 않습니다. 그곳에서 마음을 텅 비우고 자연을 온 몸으로 받아들이면 자연 따로 나 따로 가 되는 것입니다. 자연과 나 사이에 경계가 없어지는 순간, 오묘한 기쁨이 느껴집니다. 자연이 내가 되고 내가 자연이 되는 겁니다.

나는 그런 경험들을 평생간직하며 살아왔습니다.

지금도 눈을 감으면 자연과 하나가되는 상태가 됩니다. 누군가는 무아의 상태라고는 하지만 나를 완전히 비운 곳에 자연이 들어와 앉으니 사실은 무아를 넘어선 상태입니다. 그 상태에서 자연이 건네는 소리를 듣습니다. 소나무가 하는 소리, 풀벌레가 하는 소리...

그렇게 우리는 친구가 됩니다. 나는 그 마음에 어떤 심성을 가진 사람들이 사는지 만나보지 않아도 알 수 있습니다. 마을 들판에 나가서 하룻밤을 지내며 논밭에서 자라는 곡식들이 탄식하는지 즐거워하는지 보면 그 마을 사람들의 됨됨이를 알 수 있습니다."[48]

(2) 기독교 신앙

문선명 참아버님 15세 가족들과 함께 기독교 신앙에 입문하셨다. 참아버님의 가족이 기독교에[49] 입교하기 전에 집안에서 영문 모를 환란을 겪었고, 참아버님이 신학문을 수학하면서 현실과 장래의 문제에 대한 심각한 의문들에 봉착하셨다. 뒤편 묘두산 기도 중 16세 1935년 4월 17일 새벽에 영적인 계시가 눈앞에 펼쳤다.

예수님이 홀연히 나타나시어 인류를 죄악과 고통의 불행으로부터 건져내어 한 많은 하나님을 해방하여 드리는 일 대신하여 달라고 당부한 계시내용이다.

2. 소명 후의 특징

1) 구도행각

천명 받으신 10년간의 실존과 근본진리의 탐구에 전력하셨다. 일본 유학이후 장래 소명자가 되기 위해 준비를 몰두하였다. 일본 유학시절 가담한 항일지하운동과 관련된 혐의로 경기도 경찰부에 연행되어 혹독한 문초를 받으셨다. 한국 해방이후 기독교를 기반으

---

48) 문선명, 『평화를 사랑하는 세계인』 (서울: 김영사, 2011), 50-51
49) 선학역사편찬위원회, 『참부모님 실록』 (서울: 성화출판주식회사,2017), 8.

로 한 최고의 정치지도자들과 손잡고 공식노정을 출발하였다.

2) 진리의 규명

평소에 진리탐구에 기도와 명상을 하였다, 1946년 6월 이후 평양 중심한 2차 출발 섭리와 모두 좌절 됐다. 유엔군의 흥남 도움으로 흥남 탄환에 의해서 출감 후 40일간에 식구 방분하였다.

1951년 1월 27일 부산에 도착하셨다. 1951년 5월11일 참아버님 부산 괴정동 김원덕씨의 집에서 원리원본 집필시작 , 이후 1년간 집필에 주력 원리 원본을 거의 마무리 하였다,

3) 교단창립

1954년 5월1일 세계기독교통일신령협회라는 서울 성동구 북학동 현재의 신당동 391-6번지 세대문집에서 창립하였다.

1955년10월 청파동 1가 71의 3번지에 이사 후 1957년까지 새로운 단계의 전도와 전국 주요 70개 도시에 7월 20일부터 하계 40일 전도 활동을 하였다.

4) 국내선교 특징

새로운 출발과 동시에 이화여자대학교와 연세대학교 기독교계에 원리 운동이 활발히 벌어져서 학생, 교수가 통일원리에 관심을 가지고 교회 몰려들자 정계와 기독교의 반대운동이 시작되었다. 이대와 연대에서는 교수와 학생이 퇴직과 퇴학이 극단적으로 이루어지게 되어 사회적 여파로 3개월 후 서울 지방법원 무죄판결로 석방되었다.

5) 해외선교 특징

1958년 7월 최봉춘 선교사가 일본에 파송돼 섭리적 해와 국가를 복귀기반을 닦아왔다.

일본을 하늘편 해와로 택정하시고 원수의 땅을 사랑하시고 역사하신다.

아시아에서 하나님의 뜻을 펼 수 있도록 상대국가로 세우셔야 하셨다. 1959년 1월에 김영운 선교사를 9월에는 김상철 선교사를 미국에 파송하였다. 현재는 세계선교국 194개국에 선교사를 파견하여 유치원, 초등학교, 중.고등 학교 대학교, 대학원과 언론사, 및 사업체와 봉사단체가 성실하게 활동한다.

하나님의 섭리 중 최초의 중요 종교로서 유대교는 세계종교 가운데 독특한 위상을 확보하고 있다.[50]

구약성서의 문서적 역사를 개괄하고 유태인의 역사는 유대교의 이야기이다. 하나님은 인간을 비롯하여 세상만물의 창조하였는데 아담과 해와가 따먹지 말라한 금기사항은 상징적 죄의 뿌리 음란으로부터 시작이다. 천사장 루시엘과 해와가 영적인 타락, 해와가 아담과 행음으로 거짓혈통을 이어받은 영육타락의 역사를 다시금 메시아 구세주를 보내어 구원하고자하시는 하나님의 구원섭리역사이다. 즉 인류역사의 원죄가 자자손손 혈통으로 유전되어 온 것이다.

유다서 1장 6절에, "또 자기의 지위를 지키지 아니하고 자기처소를 떠난 천사들을 큰 날의 심판까지 영원한 결박으로 흑암에 가두셨으며 소돔과 고모라와 그 이웃 도시들도 저희와 같은 모양으로 간음(姦淫)을 행하며 다른 색(色)을 따라가다가 영원한 불의 형벌을 받음으로 거울이 되었느니라"

---

50) 문선명, 『세계경전 2』 (서울: 천주평화연합(페라곤 하우스 출판), 2009), 427.

유대의 선조인 아브라함과 롯 일행은 유태인을 데리고 새로운 땅을 찾아 떠나는 고난의 시간을 보낸다. 이집트에서 정착한 유대인들은 이집트인들과 불화를 못 견디고 다시 꿀과 젖이 흐르는 가나안 땅을 찾아 길을 간다. 이때 모세가 유대인들을 이끄는데 시나이 산에서 하나님으로부터 십계명을 받는다. 모세가 죽은 후 여호수아가 이끄는 유대인들은 가나안 땅을 정복하는 길고도 험난한 전쟁을 겪는다. 유대왕국은 북이스라엘과 남 유대 왕국으로 나뉜다. 이후 유대인들은 같은 부족 간에 반목과 질시, 타 부족과의 전쟁과 굴욕의 시간들을 보내는데 이때 많은 종교지도자들이 나타나 경고한다. 종교지도자들의 리더십에 따르지 않게 될 때 신바빌로니아에 의해정복당하고 만다.

중심인물을 세워서 하나님의 세계로 결국 구원하시고자 인도한다. 선악투쟁의 역사로 선악을 분립 탕감해 나오신다.

투철한 믿음과 하나님의 은총 선민은 유대교 종교지도자의 리더십을 통해서 구약시대의 하나님의 섭리와 인간의 책임분담에 따른 지도자의 리더십은 그 시대의 본보기가 되며 가나안땅으로 인도하고자하시는 하나님의 심정을 알게 되며 여호수아를 찾아 군사리더십으로 가나안 땅으로 인도하신 것을 알게 된다. 모세의 궁중 안락한 생활에서부터 미디안 광야의 어려움까지 이스라엘 백성을 이집트에서 탈출하는 광야생활과 고통적인 체험 모세의 민족애 하나님의 인도로 하나님에 대한 절대 믿음과 사랑 복종으로 하나님의 심정을 상속받고 하나님의 내적인 고통을 알고 이스라엘 민족을 해방시켜 가나안에 국가를 건설 하려는 하나님의 불타는 의지도 감지하였다. 이스라엘민족이 하나님을 모시길 간절히 바랬다. 모세는 40일 금식을 2회 반복하면서도 자기의 잘못을 반성하고 회심으로 돌아가 하나님과 대화를 통한 소통은 자기의 희생을 감수하더라도 이스라엘 백성을 용서해주시고 인도해주시라는 간곡한 기도는 하님의 사랑이며 십계명은 하늘 앞에 인간의 법 4가지와 인간 앞에 지키는 율법 5에서 10까지는 횡적인 관계 회복이다. 절대 믿음, 절대 사랑, 절대복종으로 하나님과 심정일체를 이루고자하시는 창조본연의 타락이전의 회복운동이다. 여호수아를 통한 가나안 정복은 더욱 그러하다. 전쟁터에서 갈고 닦은 전법을 전략적으로 모세와 더불어 이스라엘 백성을 이집트에서 가나안 땅으로 인도하는 과정에서 어려운 고난과 시련고통이 있었지만 모든 것을 감수하고 군사리더십 소통과 기도로 이집트에서 이스라엘 백성을 가나안 땅으로 인도하였다.

유대교의 지도자들의 리더십의 특징은 많은 고난을 겪어왔고 6백만 유대인들의 학살과 나라 없이 방황 억압 박해는 하나님과 관계를 더욱 가깝게 해주었다. 오히려 연단과 훈련이라 하겠다. 더욱 강한 지도자로 만들어 세상을 하나님께로 인도하는 지도자로 만들기 위한 기간이라면. 이스라엘과 이웃한 아랍이 성서적 근원까지 소급하여 갈등해소, 화해로 서로 사랑하고 자기이익을 넘어선 하나님의 음성을 듣고 기다리며 말한 장소는 새벽미명이나 한적한곳에서 음성을 들을 수 있는 음성을 기록하기 위해 세미한 음성이라도 초긴장의 상태에서 식음을 전폐하고 듣고 볼 수 있는 환상이나 마음속에 영상을 보며 순간을 포착하기위해 마음, 생각, 감정 등을 다음 3가지로 표현한다.(사 21: 3) 영성과 감성의 리더십이다.

하늘부모님의 음성을 기록하여 교육하고 기다리며 마음으로 기도한다.(다7:1)

우리는 하늘부모님의 음성을 듣는 방법은 모세나 여호수아처럼 반드시 기도 명상으로 하나님과 소통하여 보고 자아를 부인하고 복종하며 사탄을 대적 응답을 기다리며 하늘부모님께서 원하시는 방법대로 순종하고 잘못된 것이 있으면 즉시 용서를 받는 고백과 순종의 미덕이며 항상 깨끗한 마음으로 정화정성을 드리며 기다리고 말씀을 들었던 곳으로 돌아가서 조용히 기다리면서 다른 사람을 의지하는 것 보다 자신이 하늘부모님의 허락이 있을 때까지 말하지 않는다.

사탄의 함정을 피하는 방법은 교만과 추측은 금물이며 항상 감사하며 속임수에 조심하고 사탄은 모든 것을 모조하려고 하니 기름부음을 받은 자는 하나님의 특별한 은사를 청해야 주시고 은사는 선물로 주시는 것 이지만 청해야 하며 능력이 사역화 될 수 있도록 기도해준다. 반드시 공동체 개인 교회 국가를 위해서 받으려고 할 때 동기는 사랑하기 때문 이므로 예언은 지혜의 은사로 구하며 덕을 세우고 격려와 위로 안위 근면해야한다.

예언을 금해야 할 경우 상태는 자신에게 도덕적으로 문제가 있을 때, 감정이 흥분 상태일 때, 기도 받을 사람에게 감정이 있을 때, 기도 받은 사람이 비 예언적인 물음을 해 올 때는 스스로 자제해야 한다.

한번 예언된 말씀은 시간이 지나더라도 연단하시므로 기다리며 끈기와 인내의 기다림이다.

예언의 내용을 상담하거나 충고하지 말고 자신을 신격화 하거나 신령한척 하지 않는다. 예언의 말은 순수하게 하나님의 말을 전달하는 것이다.(열하9:1, 열상 21: 35-43)

약속을 반드시 지키며 예언의 약속이 이루어 질 때 까지 추구하며 우리의 혼과 심령, 생각, 영을 지켜야한다.

감정, 의지적인 소욕 혹은 개인적인 야심 성급함으로 인하여 사울은 예언 말씀을 방해했을 뿐만 아니라 무효를 만들었다.(삼상 13:12)

위와 같이 구약은 기도이며 하나님과 직접 음성을 듣고 환상을 보고 마음의 영상을 그려내어 성전을 짓는 것 등은 하나님과 백성이 소통이다.

솔로몬왕의 시편과 잠언, 애가, 아가서 등 하나님을 찬양하고 찬미하는 예배이며 안식일을 거룩히 지키고 십의 일조로 성실하게 일해서 타의 본이 되며 사랑의 공동체를 이루어 행복한 하나님의 나라를 정착 시키라는 비전이다.

> "이제 너희가 나의 말을 듣고 내가 세워준 계약을 지킨다면
> 너희야 말로 뭇 민족 가운데서 내 것이 되리라.
> 온 세계가 나의 것이 아니냐? 너희야말로 사제의 직책을 맡은 내나라,
> 거룩한 내 백성이 되리라."[51]

6) 서번트 리더십

유대교는 개혁파, 보수파, 신 정통파로 구분하여 어려운 점도 있다. 개혁파 유대교는 시민사회의 일원으로 편입되자 유대인 내부 전체에 변화가 생겼다.

보수파 유대교는 자카라이이스 프랑켈이 주도한 보수파 유대교는 '역사 지향적' 표현을 했다. 신 정통파는 개혁자 소위 전통파의 창립자는 삼손라파엘 히르시(1808-88)이다. 세상의 교육과 조화를 이루는 율법공부는 훌륭하다." (선조들의 어록 2:2)라는 문장이다.

---

51) 천주연합, 『세계경전 2』 (서울: 천주평화연합(페라곤 하우스 출판), 2009), 427.

메시아의 기대는 이즈미르로부터 시작하여 전유대인 세계를 사로잡았다. 유태인의 배척 잠재되어 있던 반유대주의는 나치 정권하에서 국가가 명령한 테러로 발전했다. 1938년 모든 유태인 남자의 이름과 성 사이에 이스라엘 여자는 '사라'라고 써 넣게 했다. 10월 독일 유대인의 신분증에 'J'로 표시한 신분증이 교부되었다.

건국은 1947년 11월 29일 유엔총회는 팔레스타인 분리에 동의했고 1948년 5월 15일 유엔 결의에 따라 영국 통치가 막을 내리고 이스라엘 건국은 1948년 5월 14일 금요일 오후에 다비드벤 구리온의 선언으로 이루어졌다. 그 다음날부터 발휘했다.[52]

3. 기독교 종교지도자의 리더십

1) 참스승 리더십

새로운 스승인 가나를 떠난 예수님은 제자들과 갈릴리 북쪽에 있는 카페르나움(Capemaum, 가버나움)걸어가 베드로와 안드레아가 살고 있는 마을에서 어부였던 그들을 하나님과 인간의 영혼을 추구하는 위대한 여정을 시작하자 어부였던 그들은 일을 버리고 따라갔다. 예루살렘으로 가기위한 두 가지 이유는 유월절 행사에 참석코자함이요, 두 번째는 수도의 사람들이 예수에 대하여 어떻게 생각하는지 알아보기 위해서 이다.[53]

예수그리스도는 최고의 영성지도자이며 복음 진리의 말씀을 제자들에게 가르치는 스승이며 하늘을 부모로 소개한 성인이다. 로마

---

52) 모니카그리벨 지음, 강병구 옮김, 『유태교』 (서울: 도서출판 예경, 2007), 189.
53) 헨드릭 빌렘 반룬 (김재윤 번역) 박순덕, 【신약】 (서울: 골드엔와이즈, 2010), 113.

로부터 이스라엘 독립을 위해 쟁취한 노력은 우리가 인정하고 하나님의 나라 건설에 매진한 실적은 우리에게 큰 교훈이 되었다. 기독교의 핵심적 전통, 교회일치, 기독교의 세계복음화 등 기독교의 핵심 전통은 사랑과 희생이며 언제나 헌신과 용기, 확신이 필요한 종교다. 예수님은 제자들에게 원수를 사랑하고 자기를 모함하고 해치는 사람을 용서하라고 가르쳤다.[54] 공관복음의 마태 마가 누가 요한 종교지도자들의 리더십은 목자의 지도력 중에서 양을 알고 찾아가서 하나님과 예수님의 생애를 가르치고 자신의 신앙 간증과 말씀을 전달하고, 양육, 훈련 건강관리 등 스승의 리더십(요10:1-10)이며 청지기의 지도력은 복음을 위탁 받은 자의 예수님소명이며 감독(마태20:8) 경영(누가16:2)이며 하나님을 나의 아버지로 고백하면서 제자들에게도 자녀 됨을 가르치는 스승의 리더십과 영성과 중생을 강조하여 경건, 영적인사람, 성령인도, 새로운 피조물을 강조했다.(롬 8:9, 고전 2:15, 골 1:9-15)[55]

예수님의 리더십은 기도의 리더십, 참부모의 리더십, 참스승의 리더십, 참주관의 리더십, 영성의 리더십, 임파워먼트의 리더십이 위대한 힘을 발휘 했다.[56]

하나님의 나라를 소개하고 욕심 없고 깨끗함을 강조 하나님의 독생자로 오셨지만 결혼 축복을 받지 못하고 독생녀와 어린양 잔치를 약속하고 재림하신다고 하였다.(계 12:5)

예수님의 비유 중 겨자씨에 대한 내용이다. "하늘나라는 겨자씨와 같다. 어떤 사람이 겨자씨를 가져다가 자기 밭에 심었다. 겨자씨

54) 기독교, 『세계경전 2』 (서울: 천주평화연합(페라곤 하우스 출판), 2009), 423.
55) 배윤재, 『예수의 영성과 선교』 (서울: 장로회 신학대학교 신학대학원 , 석사논문, 1995) 8.
56) 신동국, 『종교지도자의 리더십 연구』 아산: 선문대학교 신학대학원 석사논문, 2006) 45-51.

는 어떤 씨보다도 더 작은 씨이지만, 자라면 어떤 풀보다 더 커져서 나무가되며, 공중에 나는 새들도 와서, 그 가지에 깃들인다."(마태복음 13:31)

> "성서도 우리들에게 쉬지 말고 기도하라고 권고하고 있는 것을 보면 예수님이 이루려던 하나님의 세계는 완전하게 이루어진 것이 아님을 알수 있다. 하나님의 나라가 완전히 이루어질 때 비로써 예수님의 길은 완성 될 수 있는 것이다."[57]

2) 참주관 리더십

바울 서신을 통해 본 종교지도자의 리더십은 매사에 정열적이며 그의 리더십에 이끌리어 동력자들이 그를 따랐고 물욕이 없는 지도자로서 자비량으로 복음을 전파하였고 원리원칙에 충실하면서도 상황과 필요에 민감한 리더, 하나님의 나라를 건설하는데 가장 크게 쓰임 받은 사도 중에 사도요, 지도자 중에 지도자다.[58] 참스승 리더십, 영성 리더십, 참부모 리더십, 참주관 리더십, 셀프 리더십이다.

> "나도 너에게 말한다. 너는 베드로다, 나는 이 반석 위에다가 내 교회를 세우겠다.

죽음의 세력이 그것을 이기지 못할 것이다. 내가 너희에게 하늘나라의 열쇠를 주겠다.
내가 무엇이든지 땅에서 매면 하늘에서도 매일 것이요, 땅에서

57) 황선조, 『원리이야기(하)』 (서울: 성화출판사, 1999)
58) 최영균, 『21세기 교회와 목회리더십』 (서울: 침례신학대학교 신학대학원, 석사논문, 2000) 25.

도 풀면 하늘 에서도 풀린 것이다."[59]

3) 참부모 리더십

예수님의 참부모의 리더십, 영성 리더십, 비전 리더십, 참스승 리더십, 참주관 리더십, 셀프 리더십이다.

살아 있는 교회[60]의 저자 존 스토트는 성경에 뿌리박은 이시대의 최고의 복음주의자 이면서 목회자, 신학자이다. 기독교의 리더십을 다음과 같이 말했다. 교회 본질은 예배, 전도, 사역, 교제, 설교, 연보, 영향력 등 각 영역에서 성경이 말하는 깊이 있는 진리를 자신의 깨달음으로 진솔한고백서이다. 기독교는 진리의 말씀으로 쉼 없이 하나님의 말씀을 전파하고 교육해서 하나님의 복음주의가 다 할 때 까지 전하라고 하였다. 예수님이 우리에게 주는 교훈은 땅 끝까지 나의 증인되라는 파송의 부탁이다. 진리의 말씀을 가지고 생을 다하는 날가지 참사랑을 발휘하면 씨를 뿌리는 자는 혼자이지만 천배, 만 배 결실의 열매를 수확한다. 누구든지 제2의 예수제자, 제3의 예수제자가 그립다.

하나님의 본질은 사랑과 지혜이다. 만 우주를 창조하실 때에 사랑과 지혜로 창조하셨고, 한 가지 사물이 다른 사물의 뜻을 상징적으로 보여주는 것을 특히 상응(相應)이라고 한다. 지상 만물을 존속하게 하는 태양과, 우주 만물을 존속하게하시는 하나님, 이 둘의 관계가 상응이다. [61]

59) 천주연합, 『세계경전 2』 (서울: 천주평화연합(페라곤하우스 출판), 2009), 439.
60) 존스토트, 신현기 옮김, 『살아 있는교회』 (서울: 한국기독학생회 출판부), 2014.
61) 마태(김지우), 『기독교 기본 신앙』 (서울: 한국 새 교회), 2010, 34.

4. 불교 종교지도자의 리더십

1) 참부모 리더십

석가모니의 생애는 진리를 찾기 위해 가정과 친구를 버리고 떠난 모든 사람들의 전형적 모델이며 깨우침을 위해 자신의 부인 자녀 가정, 부와 권세를 뒤로 하고 구도의 길을 나선 후 젊은 제자들을 교화하고 수행 중 많은 고난을 이기고 신도들의 경험을 지복으로 이끌어 정신적 중심이다.

불교는 기원전 5세기 초 인도 석가무니에 의해 탄생한 종교로서 현재의 네팔지방에서 석가족의 왕자로 태어나 7세 때부터 학문과 무술을 배웠고 35세 되는 해에 12월 8일 명성을 보고 부처가 되었다. 80세 기원전 543년경에 가르침을 뒤로하고 열반에 들어갔다. 법구경을 선포한 현실종교주의 지도자이며 스승의 리더십이다. 가르침의 3학(三學) 계(戒)는 법이며 개벽 정화, 행의 이며, 정(定)은 맑음, 고요, 조명, 신의이고, 혜(惠)는 지혜, 합일, 시의이며 의례는 귀의와 애정, 참회, 발원과 회향, 업보는 3업 신(身), 구(口), 의(意), 삼독, 무소유와 무집착, 선행, 평, 생명존중과 자비, 보시, 사회의 윤리, 국가윤리, 불국정토이다.

부처님께서 여러 비구들에게 말씀하셨다.

"너희들은 청정한 계율을 지니고, 선정을 닦으며, 지혜를 구 하여라"

"계.정.혜가 있으면 덕이 크고 명예가 높으리라. 또, 세 가지 허물을 떠나면 마침내 아라한(阿羅漢)이 되리라."[62]

---

62) 주선, 『부처님의 생애』 (서울: 종명 출판사, 2007),143.

44

결국 진아(眞我)를 찾는 것은 참양심이며, 본심이다. 본심은 참 하나님과 수수작용을 한다. 만유원력에 의한 절대자 창조주와 대상 인 인간이 본심작용으로 하나님과의 일심, 일념 일핵 일체이상이다. 참나는 창조주의 피조물이요 대상이다.

2) 참스승 리더십

부처가 가르쳐준 내용들이 기록으로 남지 못하고 150여년 지 난 후 제자들이 종합내용들이다. 부처의 대표적 사상은 니르바나 (Nirvana)사상이다. 니르바나(일반이라고 번역됨)란 말의 어휘는 '불어 끄다'라는 동사로부터 온 말 인데 자동사의 말을 가지고 불꽃 이 다 타서 꺼져버리는 것과 같은 것을 의미한다.

'극락' 즉 '최고의 즐거움' 이것이 니르바나이다.

"이제부터는 내 성을 고타마라고 부르지 마라, 나는 이제 모든 것을 깨 달은 부처가 되었으니 나를 여래(如來)라고 부르도록 하라" 여래란 '진 리의 세계에 도달한사람' 또는 '진리의 세계에서 설법을 하러온 사람'이 란 뜻이다. 최초의 설법은 다섯 사문들에게 주신 말씀이다. "사문들이여 육체의 요구와 육체를 학대하는 고행 길 중도(中道)를 배워야한다. 중 도란 8 덟 가지의 8정도 이다. 최초의 부처님의 제자들에게 가르친 8가 지의 바른길이다. 바른 견해, 바른 생각, 바른 말, 바른 행위, 바른 작업, 바른 노력, 바른 기억, 바른 명상을 말한다. 여래는 이 중도의 여래를 깨 닫고 열반에 도달하는 것이다. "[63]

공동체는 불법 안에서 평등, 화합의 공동체, 교단의 성립, 아라

---

63) 주선, 『부처님의 생애』 (서울: 증명출판사, 2007),74.

한과 성인, 대승불교는 보살이라 한다.

부처는 겸손하고 침착하여 남의 허물을 보지 않고 갈고 닦은 석가모니의 리더십은 법문을 가르치는 참스승이다. 최종의 목표는 불국정토이며 부귀영화를 저버리고 천상천하의 나를 찾는 깨달음 불심으로 성불하는 것이다. 수행과 수련을 통행 개인 가정 시회 국가 윤리를 바로 세워 생명을 중시하고 현실에 충실 한다면 부처가 되는 길을 열었다. 마음공부의 단계를 세분화하였고, 자비의 세계를 염원하다.

불제자들의 포교활동을 살펴보면 전남 영광군 법성면 백제불교 도래지 마라난타의 터키 불교를 처음 전파한 도래지이다. 이차돈의 순교로 불교 전파에 이바지 했으며, 스님들의 보국무술 연마와 의병활동은 애국운동과 일제 침략기에 독립운동에 크게 이바지했다. 승무와 승가 팔만대장경은 고려시대 외침을 막고 조선시대를 거처 6.25동란을 격어 오면서도 소멸 되지 않고 목각에 불법 활자를 새겨 정화정성기도도량으로 하늘을 감동시킨 유네스코 등재 큰 문화제이다. 화합통일의 사명을 다해 종교화합의 시너지 효과도 기대된다.

"분투하여 욕망의 흐름을 끊으라, 바라문이여! 욕정을 버리라! 일체법이 멸하여 허망한 것임을 알면 멸함이 없는 아는 자가 되리라."[64]

3) 참주관 리더십

일체법이 우리의 마음에 내재하는 까닭에, 우리가 인도에서 발생한 불교를 보더라도 그 이념은 세계적인 이념이다. 세계적인 관점을 가지고 현실적인 생활무대를 넘어서 초자연적인 세계의 이념

---

64) 천주연합, 『세계경전 2』(서울: 천주평화연합(페라곤 하우스 출판), 2009), 421.

까지 내포한 종교라야 끝 날까지 남아 있을 수 있는 것이다.[65]

관무량 수경 17"부처여래는 청정법계신의 신묘한 몸을 지나는 까닭에 모든 중생의 마음속에 아무장애 없이 드나든다. 따라서 그대가 부처를 깨달았을 때에 그것은 실로 삼십이 상(相) 팔십 수형호(隨形好)를 지닌 그대의 마음이다. 요컨대, 부처가 되는 것은 바로 그대의 마음이다. 아니 부처는 실로 그대의 마음이다. 모든 부처들의 참되고 원만한 지혜의 바다는 자기 자신의 마음과 생각에 그 원천이 있다." 불교 관무량 수경 17[66]

> "우리가 기도하는 목적, 혹은 불교들이 참선을 통해 무아의 경지를 찾아 들어가는 목적은 무엇인가? 그것은 마음의 핵심이 될 수 있는 요소를 깨우치자는 것입니다. 그런 하나님의 기준을 세워 보고 듣고 느끼는 마음의 중심을 천륜 앞에 세운다면 하나님 앞에 경배 드리며 할렐루야 영광을 돌릴 수 있게 될 것입니다."[67]

4) 기도 리더십

불교는 한 인물로부터 시작된 종교이다. '부처'라고 불리운 석가모니부터 시작된 것이다.

'부처'란 각성한 사람이라는 뜻이다. 그런 의미에서 그는 한인물이다. 석가는 당신이 누구냐는 질문을 받았을 때 분명하게 이것을 밝혔다.

---

65) 천주연합, 말씀선집 9권 279 『세계경전 2』 (서울: 천주평화연합 (페라곤 하우스 출판),2009),421.

66) 천주연합, 『세계경전 2』(서울: 천주연합(페라곤하우스 출판), 2009), 422.

67) 천주연합, 『세계경전 2』 말씀선집 2권, 193-194 (서울: 천주연합(페라곤하우스 출판), 2009), 422.

"당신은 하나님 십니까?" "아니오" "그러면 천사입니까?" "아니오" "그러면 무엇입니까?" 그 때 석가는 대답하였다. "나는 각성한 사람입니다. 곧 부처입니다." 부처가 석가의 이름이 되던 것이다. 부처란 범어의 '부드'(Budh)의 발음을 따라서 한자로 옮겨 쓴데서 유래한 것이다. '부드'는 잠에서 '깨어 났다' 또는 '깨달아 알게 되었다'는 뜻이다. 따라서 '부처'는 '깨어나신 분' 또는 '각성하신 분'이라는 뜻을 가진 이름이다.[68]

유일신 신앙의 의미와 특성은 기독교를 중심한 연구이며 불교 신앙관을 비교한다. 신앙은 어떤 대상과의 관계에서 의존의 감정이고 순종의 관계라고 할 수 있다. 신앙은 기독교에서는 예수그리스도에 대한 지향성을 대표하고 있다고 한다. 기독교 신앙의 의미는 기독교 하나님에 대한 믿음이며 그 믿음이 터전이 되어 궁극적 실재와 일치된 삶을 사는 것이다.

불교신앙의 의미와 특성은 불교는 창조주로서의 신의 존재를 인정하지 않거나 믿지 않는다. 창조주의 존재를 인정하지 않기 때문에 존재세계를 피조세계로 보지 않는다. 석가모니 붓다는 깨달은 자로서 완성 인간의 모범이요, 말씀의 법에 있다.

기독교 신앙 불교신앙의 차이는 기독교 신앙은 절대자 하나님에 대한 숭배와 의존 감정을 말한다. 불교 석가모니 붓다는 하나님에 대한 보내진 자가 아니라 그 이름에서 보여주는 것처럼 법(말씀)을 깨달은 자다. 6년간 수행과 35세에 득도 후 성도한 후 "일체의 승자"라는 말로 모두가 노력 정화정성으로 깨달은 자가 되며 불교의 믿음과 수행으로 지혜를 증 득하여 존재의 본질과 의미를 깨달

68) 휴스톤 스미드, 『세계의 종교들』 (서울: 연세대학교 출판부 교양양서 6, 1984), 53.

는 것이다.[69]

불교를 대표하는 상징은 불교 안에 소승교, 대승교, 대승교안에 선불교의 갈래가 있다. 그들 종파사이에 각각 주장하는 사상의 차이기 크게 있다. 하나의 공통된 사상은 무엇일까? 또 공통된 대표사상을 무엇으로 표시하고 있는가?

첫째, 부처의 교훈을 따른다는 점이다. 인생은 나룻배를 타고 강을 건너는 것과 같다는 사상이다. '야나' 인생의 강을 건넌다는 것이다. 소승교는 작은 배를 생각한다. 대승교는 큰 나룻배를 원한다. 배는 험악한 물위에 있고 사람들은 배안에서 보호를 받고 있다. 불교의 3가지 맹세는 하나, 나는 부처님 품안에서 안전하고자합니다. 둘, 나는 '달마'(dharma)안에서 피난처를 구합니다. 셋, 또 나는 '상하'(Sangha) 안에서 피난처를 구합니다. ('상하'는 이 배를 끌고 가는 선원과도 같다.) 불교의 교리도 배와 같다. 결국 불교의 가르침은 목적에 이르는 수단일 뿐 목적이 아니라는 것이다. 공(空)이라고 하는 세계와 현실은 다른 것이 아니다. 시간과 영원의 구별이 없다.

인간의 이지로는 그런 구별이 뚜렷하다. 그러나 찰라의 통찰을 통한 각성의 지식으로는 그런 구별이 없다. 양극의 대립을 초월한다. 그래서 시간과 영원은 하나가되는 것이다. 쪼갤 수 없는 하나의 두 가지 면이다. 영원이란 보석도 생사의 유일한 연꽃 속에 담겨져 있는 것이다. 선불교는 이 구별을 초월하는 통찰력을 갖는다.[70]

계, 정, 지혜로 결국엔 참 나를 찾아서 원인자 되신 창조주 하나님을 부모로 모시고 창조의 목적인 기쁨을 돌려드리는 것이다. 참부모와 참자녀가 상호 수수작용 하여 참사랑의 이상을 정착시킨다.

---

69) 이재영, 『불교명상이 유일신 신앙 발달에 미치는 영향』 (서울: 서울불교대학원대학교 불교학과 명상학 박사학위논문, 2015), 25.

70) 휴스톤 스미스, 『세계의 종교들』 (서울: 연세대학교 출판부, 1993), 111.

5. 유교 종교지도자의 리더십

1) 참부모 리더십

공자의 사상이 중국과 세계에 미친 영향은 이러하다. 거의 2천 년 동안 공자의 교훈은 세계인구의 4분의 1을 지배해 왔고, 그 역사는 신령들의 역사처럼 영롱하다. 한(漢)나라 때, 유교는 실질적으로 중국의 구가 종교의 위치에서 올라섰었고, 기원전 130년에는 나라 관리(官吏) 교육의 기본적인 교리가 되었고, 그것이 1912년까지 계속해 온 것이다. 그의 논어(論語)가 최선의 고전으로 읽힌 것은 두말 할 것 없다. 1934년 그의 생일은 중국의 공휴일로 선포되었다. 그의 영향력 가장 컷던 것은 중국 문화였다. 한가정이 8대를 포괄한 연대는 깊었다. 사회적 학자가 문인(文人) 학자다. 중용의 사상이 살아 있어서 중국에서는 협의나 조정에 발고 극단 투쟁에 냉담한 반응 보여 왔다. 교양이 모자라 법에라도 매여 사는 위인(爲人)이라는 풍념을 낳게 했다.

중국은 세계에서 단속이 없는 문화로 보존 했고 또 그런 정신적 영향력을 가꾸어 놓았으며, 거기 세계인구의 3분의 1을 귀속시키는 일을 했다.

중국의 동화력(同化力) 역시 놀랍다. 세계의 여러 문화권과 접촉하면서도 지리적 범위가 광대했던 까닭에 수없는 군사들의 침공에 휘말리면서도 이들을 오히려 잡아 농사군으로 만들 수 있었다. 구비라이 칸이 중국을 침공했으나 중국문화에 완전히 침공되어 그 전통의 한 충실한 아들임을 보이고 노력하고 죽었다.

공자의 영향력은 의화단(義和團)사건 때 중국의 황태후는 외국인을 다 살해하라는 포고를 공자의 인(仁)에서 교육 받은 신하 중

다섯이 그‘살해’란 말 대신 ‘보호’로 바꾸었다. 이 군자들은 그것 때문에 잡혀 처형당할 것을 알고 그렇게 했던 것이다. 중국인에게 그 생활의 멋도 아직 보존 되어 있다.[71]

공자가 임종시에 먼 성산(聖山)을 바라보며 한 말이다.

먼 성산은 사라져가고,

햇빛은 어울져 가리우고,

그리고 현인(賢人)역시 사라져 가고,

혁명가보다도 예언자들은 정치가보다도 오래 그 자국을 남기고 간다.

공자의 위대한 점은 어려운 환경 속에서도 뜻을 세우고 그것을 생의 마지막까지 관철하려고 애쓴데 있다. 공자는 물질적 곤궁에 강하고, 온화한 성품을 지녔으며 참을성이 많았다. 이것이 무수한 시련에도 꺾이지 않고, ‘자신의 길’을 갈수 있었던 비결이리라. 그렇다면 공자는 어째서 그런 성격을 가질 수 있었을까, 이에 대한 답을 얻으려면, 자기 형성기(自己形成期)의 공자를 돌이켜볼 필요가 있다. <사기> 및 그 밖의 자료에 의하면 공자의 부친인 숙량흘(淑梁紇)은 무인(武人) 이었으며, 모친은 안징재(顔徵在)로, 두 사람은 정식으로 결혼하지 않은 채 공자를 낳았다고 한다. 그리고 부친이 죽어, 공자는 모친의 손에 양육되었다고 한다.

"공자는 어려서부터 주위 사람들이 낯빛을 읽어 인정의 차가움과 따뜻함을 이해하고, 그런 가운데 소상하고도 신중한 성격을 길렀다. 또 매우

---

71) 휴스톤 스미스, 『세계의 종교들』 (서울: 연세대학교 출판부, 1993), 148.

민감하게, 상대방의 기분을 파악하여 일을 처리하는 습관을 길렀다."

<인간 공자>

그는 어떠한 운명에서도 쓰러지지 않고 운명을 달게 견디면서 자신을 단련 나아가는 공자의 삶의 자세를 엿볼 수 있다. 공자는 17세 어머니를 잃고, 19세에 결혼했으며, 20세에 아들을 낳았는데, 생활을 위한 괴로운 투쟁은 계속되었다. 공자를 소개한 내용 중 <논어>에는

"가난하지만 비뚤어지지 않는다. 이것은 참으로 어렵다.
부자이면서도 자랑하지 않는다. 이것은 참으로 쉽다."

공자의 위대한 점은 이런 어려운 환경 속에서도 뜻을 세우고, 그것을 생의 마지막까지 관철하려고 애쓴데 있다.[72]

공자가 죽은 후 제나라와 노나라에 많이 갔다. (성교요지 30장 3 참조) 후대에 맹자는 공자의 가르침에 제천명하고 성선설(性善說)을 주장하다. 인간의 4가지 마음씨에 호소한다. 인에서 우러나오는 측은지심, 의에서 우러나오는 수호지심, 예에서 우러나오는 사양지심, 지에서 우러나오는 시비지심을 말한다. 순자는 선악설(善惡設)을 주장했다. 주희(1130~1200)에 이르러 논어, 맹자, 대학, 중용인 사서를 재평가 하면서 주희가 이 성리학을 집대성하여 송 대 이후의 이학 주자학 이라한다. 이 주자학이 이 벽의 시대에 모든 유학자들이 따르고 있던 이조사회의 유학으로써 중국에서 한국으로 건너와 고려 때 송

---

72) 모리야마 히로시, 『성공으로가는길 리더십』 (서울: 새벽이슬, 2011), 296.

성리학계통의 유학인 주자학이 들어온 이후부터이다.[73]

유교의 공자사상을 통해 많은 영향력을 가지고 있으며 지금도 중국 공자사상을 앞세워 국내외적으로 많은 학당을 지원하고 있다. 많은 전란으로 사회가 혼란한 때에 태어나 고통을 평화로 인도하고자하는 간절한 마음이 기초가 되어 훌륭한 사상가들의 이념과 사상을 한데 모아 종합하고 집대성 정리하여 체계화한 보편적 도덕원리를 추구했다. 제자들을 불러 여러 나라를 방문 이상에 관심을 갖고 통치자를 기다렸다. 본인이 긍정적자세로 주변의 많은 지도자들에게 지도력을 가르쳐 주었다. 동아시아 문화 교육에 많은 스승의 리더십을 심어주었고 주변 환경을 개선하여 윤리 도덕적 삶의 모심의 서번트 리더십은 천국의 외적 사회 환경을 가르쳤다.

유교는 인(仁), 의(義)를 근본으로 하는 정치와 도덕을 실천하는 가르침의 사서심경을 경전으로 하며 공자의 중용학 인격의 8단계는 종교적 체험, 성인, 현인, 인자, 지자, 군자, 소인이며 인격자수행은 정좌법, 경 공부, 정신집중이고 의례는 통례, 관례, 혼례, 상례, 제례 등으로 분류하고 세계는 국가가 확대된 개념으로 보고 세계평화는 가정의 평화를 확대함으로써 이룩하는 방법을 제시하고 당대에 맞는 교육제도로 수신제가치국평천하라는 수혜는 중요핵심이며 공자의 스승의 리더십은 교육 없이는 길 잃은 배와 같다고 가르쳤고, 유가경전은 공자님의 비전리더십이다.[74]

"천하에 밝은 덕을 밝히려 하는 자는 먼저, 그 나라를 다스리고, 그 나라

---

73) 이성배,『유교와 그리스도』(서울: 분토출판사, 1985),134.
74) 최병철, 『유가경전의 공자님 리더십 고찰』(서울: 성균관대학교 대학원 박사논문, 1992) 유가경전에 나타난 국가 형성이론에 국가형성이론에 관한연구.

를 다스리고자 하는 자는 그 자신을 잘 수양 하라"[75]

유교는 천일 합일사상을 기본으로 하며 자연현상과 인간의 일은 모두 하나의 원리에 의하여 통합될 수 있다는 논리이며 유교철학에서 하늘과 인간관계는 천지만물이 인간과 관계성이다.

공자의 가르침은 평생 이어졌으며 현 중국의 곡부에는 공자가 태어 날 때에는 7-8촌의 가구가 24만 명이 넘는다. 교육의 지도력은 세계를 움직인다는 것은 자명하다 백년 미래의 희망은 오직 바른 사상으로 바른 교육육성이다.

유교윤리는 동아시아의 핵심이며 오늘날 아시아의 급속한 서구화로 인해 많은 사람들이 유교적 가치와 관례를 경시하고 있고, 그럼에도 불구하고 수천년 동안 유교의 도덕철학은 가정생활을 인도해 왔고 자비, 정의, 예의 등으로 국왕의 행동반경을 규정해 왔다.[76]

"군자는 나라를 창건하고 전통을 전하여 계승 할 수 있게 할 뿐이다. 저 공을 이루는 것은 하늘의 뜻이다"[77]

유교에서는 삼강오륜을 가르쳐줍니다. 효자가 무엇입니까? 사랑을 중심삼고 생명을 다하여 부모를 모시는 아들을 말하지 않습니까? 그럼 충신이 무엇입니까? 사랑을 바탕으로 해서, 하늘을 대신해서 군주를 위해서 생명을 다 바쳐 희생하며 나가는 사람, 곧 애국자를 말 합니다.(문선명 참부모 말씀선집 295.179,1998,08,28)

---

75) 성균관대학교, 『대학의 수신인 지도자』(서울: 유교 성균관대학교, 대학의 '수신'에 의하면)
76) 문선명, 『세계경전 2』(서울: 천주평화연합(페라곤 하우스 출판), 2009), 423.
77) 문선명, 『세계경전 2』(서울: 천주평화연합(페라곤 하우스 출판), 2009), 425.

공자의 제자가 부자로 잘 살고 부모에게 효를 다하며 형제간에 우애와 국가에 충성하여 큰 부자가 된 것은 본인의 의지와 노력도 있지만 공자의 가르침이 부자의 가정에 가재가 되었다고 가르치고 있다.

공자의 가르침은 종적인 가치를 천(天)으로 횡적인 가치를 인(人)으로 규정하고 반복 교육을 통해 대동 사회를 목표하며 나라를 창건하는 군사 리더십이면서, 스승리더십, 기도 리더십이다.

공자의 인(仁)은 군자행인(君子行仁) 인인(仁人) 또는 인자(仁者)로 나타난 것이다. 논어의 인(仁) 521장중에서 인(仁)을 직접 이야기 한곳이 58회 인(仁)자도 108회나 사용했다. 공자의 제자들에게 생생하게 교육이론으로 덕목은 인이며 병을 고치는 처방하는 바른 길 스승 리더십 이라한다.[78]

마음을 어질게 상대방을 배려하는 마음으로 덕행을 하면 종적 하늘에 앞에 순종이며 순천자이며, 이웃을 사랑하는 마음은 횡적 참사랑윤리도덕이다.

2) 참스승 리더십

중국 산동성 작은 마을에서 551년(B.C.)에 공자가 태어났다. "내 나이 열다섯에 마을은 학로면학 독서에 침잠하곤 했다." 스무 살에 행정 업무와 결혼은 원만하지 못 했지만 명성 높은 스승으로 활동했다. 기원전 479년 일흔 셋 나이에 세상을 떠났다. 정치가로서는 실패하였지만 스승리더십으로는 세계적인 명성을 얻었다. 자공 제자의 고백 중, 해와 달에 비유로 하여 성자로 칭찬하였고, 중국에서는 만대의 위대한 정신적 스승이 되었다. 1938년 세계의 굴지 학

---

78) 이성배, 『유교와 그리스도교』 (서울: 분도출판사, 1979), 241.

자들이 세계인구분지의1의 분포에서 "단일한 하나의 지식체계로서는 가장 위대한 것"라고 평가하고 있다.

자공의 질문에 답변한 공자의 내용이다.

"무엇이 진정한 인(仁)의 도리인지요?" "그래 훌륭하다고 할 수 있지, 그렇지만 가난 하더라도 인생을 즐거워하며, 부유하더라도 예를 지키는 사람보다는 못하지"

공자도 가난하지만 즐기는 방법을 알았다. 고로<논어>에 '공자는 사생활에서 꺼림직 하게 여겨 걱정하는 일이 없었다는 말이 나오는데 이 역시 공자의 진면목을 엿볼 수 있다.[79]

가난하지만 상대를 위하는 마음으로 친절을 베풀고 정성을 다해서 예를 갖춘다면 진정한 인(仁) 어짊이다.

3) 참주관 리더십

공자의 당면 문제는 무정부 상태 주(周)나라가 망한 혼란한 상태에서 정신적 지도자를 찾고 있었고, 집단이나 소속에서 비판이나 개선의 의지가 없이는 발전할 수 없다. 지방 공무원의 행정 업무를 소화해서 잠시 참주관 리더십을 발휘했다. 정신적 대 혼란을 이길 수 있는 방법은 수신제가치국평천하 건강한 치유이다. 상대방을 가르치고 지도하여 밝음의 세상을 실천하다.

공자가 논어에서 인간관계를 잘하여 기적의 성공의 길잡이가 <논어>에서 이렇게 말하였다.

---

79) 모리야히로시, 『성공으로 가는길 리더십』 (서울: 새벽이슬, 2009), 288.

"나 자신에게는 엄격하고 남에게는 너그러운 태도를 갖도록 하라, 그렇게 하면 대인관계에 있어서 원한은 생기지 않을 것이다."[80]

인간관계에 있어서 척이 없다면 성서의 예수님의 교훈처럼 "형제간에 화해하고 나서 하나님 앞에 나와 예배하라" 이웃과 더불어 잘사는 공동체 대동사회건설에 기여 했다.

4) 영성 리더십

공자의 비전은 참스승 리더십을 터로 하여 이성(理性)을 제시하는 사회가 발전한다. '사람이 바른 행동을 하지 않을 때에는 때려라'

현실주의자의 사회질서의 철학은 '응보'의 메카니즘을 통해 나타나기 시작했다. "'장려의 목적은 보상에 있고, 징벌의 목적은 예방에 있다."라고 한다.

공자 제자 묵의 방안은 현실주의에서 사랑으로 다스리기를 원했다.

"형제지애(兄弟之愛)는 모든 사람을 형처럼 사랑하고 이웃나라도 형제처럼 사랑하라"는 것이다.

"사랑과 도움이 널리 있으면 참변이 끝나리라"

결국에 묵자는 창조주의 참사랑에 감사와 보은에 힘입어서 천지인참부모의 섭리의 운행함에 창조본연 착한세상 천일국을 실체적으로 내가 우리가정에서 만들자는 것이다.

---

80) 모리야히로시, 『성공으로 가는길 리더십』 (서울: 새벽이슬, 2009), 223.

5) 문화 리더십

행복의 해답은 법과 힘은 결혼과 이혼을 만들어 갈 수 있다. 그러나 사랑 자체는 파괴 할 수 없다. 오직 당사자 간에 합일 된 것이 사랑이다.

공자의 사상은 "증오는 정의로 사랑에는 우정으로 대하라"라는 것이다. 맹자 역시 "서로 사랑하라"라고 말하였다. 행복은 사랑의 전통이라 확신 했다.

과거와의 계속성을 계속 유지해야한다. 다음은 새로 만들어진 계획적인 전통이라야 한다.

공자의 논어는 천성적인 말로 표현하여 주류와 슬기가 되었다.[81] 행복이란 서로가 기뻐하고 즐거운 세상이다. 마음의 근심걱정이 없이 서로 사랑하는 세상이다.

6) 기도 리더십

새로운 전통은 인(仁)이다. 사람인(仁)과 두이(二)합해서 된 말이다. 사람사이에 이상적인 관계를 인이라 할 수 있다. 이 말이 가정적한 말이다. 고귀한 인품의 사람에게 이것은 삶보다도 귀중한 것이다. 이타주의 성실하게 삶을 사는 생활 속에서도 타인의 배려와 감성에 사는 것이다. 인(仁)을 가진 자는 자신의 확립과 다른 사람의 것도 확장시키려하는 것이다.

삼국지에 등장는 유비가 부하나 민중에게 인자함으로 동정심을 가졌다. 유비가 조조 대 군단에 쫓겨서 번성(樊城)에서 강능(江陵)으로 철퇴(撤退)하게 되었는데 유비를 흠모하는 민중이 부대에 합류하여 군대가 10여만이 넘게 되고 수레마차가 수천대가 되었다.

---

81) 휴스톤 스미드 원저, 『세계의 종교들』 (서울: 연세대학교출판부, 1993),132.

부하가 직언하여 보고하니 "나를 좋아하여 쫓는데 저들을 버리고 갈 길을 재촉해서야 되겠는가"라고 말한 유비의 독특한 멋이다. 결국에는 고생을 했지만 초나라에 한가운데 세력을 쌓는 것은 유비의 두뇌도 있겠지만 지지자들의 헌신과 노력이다. 유비의 "자애로움이며 인"이다.[82]

천일국은 두 사람이 하나 되어 하나님의 참사랑의 심정을 상속받아 천일국을 완성하여 실체 나라를 만드는 것이다.

7) 셀프 리더십

군자(君子)는 인이 이상적인 인간관계라 한다면 군자는 이 이상적인 명칭을 말한다. 군자는 소인의 반대말이다. 추구가아니라 기여라한다. 항상 배려와 기여 속에 보다 공적인 자리에서 희생 봉사하는 것이다. 어느 면이나 워낙 훈련되어 있기에 성공하여도 너무 흥분하지 않고 실패 하여도 두렵지 않게 한다.

항상 범사에 감사하며 온유 겸손하며 근면 성실하게 일하며 경배와 찬양 기도 훈독으로 참된 삶을 참사랑을 실천궁행하라는 것이다.

8) 임파워먼트 리더십

예(禮)[83]는 두 가지의 뜻이 있다. 그 하나는 예절이다. 공자는 무에서 출발해 가지고는 미와 선의 세계에 도달 할 수 없다고 보았다. 행위 즉 실천을 중요시하다. 중국인의 심성에 맞는 교훈 윤곽은 예이다. 모든 사상은 언어에서 연유된다. 중용의 도는 공자의 사상의

---

82) 모리야마히로시, 『성공으로 가는길 리더십』 (서울: 새벽이슬, 2009), 43.

83) 휴스톤 스미드 원저, 『세계(의 종교들』 (서울: 연세대학교출판학부,1993),133.

핵심이다.

종사 횡사의 오륜(五倫)은 부자(父子), 장유(長幼), 부부(夫婦), 형제(兄弟), 군신(君臣) 관계를 말한 것이다.

"공자를 추종하는 사람들은 가장 중요한 것으로 바른 태도의 연구"를 듣고 있었다는 말의 뜻이다.

'체면의 유형'은 그 집단의 지도자가 예찬하는 가치를 내포하고 있기 마련이다. 그러면 그 집단에 속한 사람들은 지도자의 인정을 받기위해서 그리고 한편으로는 자연히 그 지도자가 예찬하는 가치를 함께 예찬 하게 됨으로써 이 가치를 예찬하게 된다. 인간의 가치가 명확히 큼직한 집단을 움직이는 단 하나의 순서가 바로 이런 경로를 통해서 수행된다.[84]

권한을 분권화 하여 지도력을 주거나 훈련하여 어느 정도의 기준에 다다르면 직책 수당을 주거나 권한을 위임하여 팀장으로 책임 운영하도록 하는 것이다.

6. 이슬람교 종교지도자의 리더십

1) 참부모 리더십
이슬람은 '살람'이라는 어원에서 나온 것으로 그 실제적인 의미는 "인간이 하나님에게 정복 당했을 때 진정한 평화가 온다"는 뜻이다. 그러나 일반적으로 통하는 것은 '무슬림'이다.

---

84) 휴스톤 스미스 원저, 『세계의 종교들』 (서울: 연세대학교출판학부,1993),132.

이슬람의 역사는 6세기경 아랍에 살고 있던 모하메드 부터 시작된 것이 아니라 하나님으로부터 시작되었다고 이슬람교도들은 주장한다. "태초에 하나님이 ......"로 창세기에 시작 되어 있다. 코란경도 이것에 동의하고 있다. 성경과 다른 것은 하나님의 이름을 '알라'로 쓰고 있다는 것이다. 학문적으로 '알라'는 단일 신을 의미하며 유일한 하나님을 말 하는 것이다. '알라'는 세상을 창조하고 나서 인간을 창조 했으며 그 창조된 제일 첫 인간의 이름은 아담이다. 아담의 후손이 노아를 낳고 노아에게는 아들 셋이 있었다. 이것이 바로 '세마이트'의 어원으로서 셈 사람은 셈의 후손들이다. 유태인과 마찬가지로 아랍인들도 자기 자신을 셈족의 후손으로 간주하고 있다. 셈 후손은 아브라함으로부터 왔으며 아직도 그들의 풍습은 여러 면으로 공통성이 있다. 아브라함이 아들을 제물로 바쳐야하는 시험에 순종한 사실이 코란경에는 '이슬라마'라는 동사로 쓰여 있으며 이슬람이라는 이름은 바로 여기에서 유래된 것 같다.

아브라함의 아내 사라는 아들을 낳지 못하여 아들을 원하던 아브라함은 하갈을 맞아 아들 이스마엘을 낳았다. 그 후에 사라도 아들이삭을 낳았다. 사라는 이스마엘과 하갈을 아브라함의 족보에서 제거 할 것을 아브라함에게 주장했다. 여기서 코란경과 성경이 분리되기 시작 했다. 코란경에 의하면 이스마엘이 메카로 갔고, 그의 후손이 아랍인으로서 모슬림이 되었고 이삭의 후손은 팔레스타인에 남아서 오늘의 유태인이 되었다는 것이다.[85]

오늘날 이슬람은 하나님이 경윤하신 섭리 가운데서 중요한 역할을 하고 있다. 기독교의 쇠퇴로 상대주의 시대에 필히 요구되는 확고한 신앙과 도덕적 순수성을 갖고 활동한 하나님의 왕국의 한

---

85) 휴스톤 스미스, 『세계의 종교들』 (서울: 연세대학교 출판부, 1993), 176.

기둥으로 영적 축복과 정의의 고등종교로 종교 간의 갈등이 교리나 무하마드의 사역의 문제가아니라 예수님 시대의 십자가의 사건을 해결하기 위해서는 기독교와 유대교, 그리고 이슬람의 후손들이 함께하는 노력이 필요하다.[86] 이슬람의 리더십은 서로 용서하고 사랑하고 단합하는 참부모 리더십이다.

> "너희들은 인류를 위해 일켜진 최고의 움마(공동체)이다. 너희들은 바른 일을 권하고 악을 금하며 하나님을 믿노라"[87]

하나님의 계시에 예배의 회수는 낮의 두 끝과 밤이 가까워지는 시각에는 예배하라. 선행은 악행을 추방한다. 이것은 반성하는 사람들에 대한 타이르심이다. (10_114)

일슬람의 교도는 원칙적으로 하루 중 해가 뜨기 직전(파주르) 정오(즈프르), 저녁 때(아수르), 해가진 직후(마그리브), 취침직전(이샤)의 5회에 걸쳐서 예배드리는 것이 의무로 되어 있다. 그러나 코란에는 그 어느 곳에도 기록되어 있는 곳은 없다.[88]

참부모 선교[89]는 이성성상의 중화적 주체이시다. 전 인류의 아버지이시며 어머니이시다. 인류의 참부모 되시는 하나님이시다. 인류평화공동체를 원하신다. 참부모는 참사랑의길, 참부부의길, 참자녀의길, 참가정의 길을 가르치고 민족 간의 화해와 국가 간의 화해 종교 간의 화해를 이루시는 분이다. 이슬람을 사랑하는 분이요, 그

86) 문선명, 『세계경전 2』 (서울: 천주평화연합(페라곤 하우스 출판), 2009), 442.

87) 문선명, 『세계경전 2』 (서울: 천주평화연합(페라곤 하우스출판), 2009), 442.

88) 다나까시로오, 토마스 J, 어버크롬비, 『코란』 (서울: 태종출판사, 1975), 130.

89) 옹대수, 『이슬람교와 통일교의 메시아관 비교와 선교적 제안』 (아산: 선문대학교 신학전문대학원 해외선교학 전정, 석사논문 1999), 62.

외 모두를 하나님의 섭리역사로 본다. 모두를 하나님의 자녀라고 본다.

이슬람의 발전경과는 낙타군을 가장한 혁명가들의 극성에 귀족들이 메카북쪽의 야트립시 75명의 대표자 모하메트를 찾아와 순례자들과 다른 여행자들을 통해서 마하메트의 교훈을 들은 야트립 시민들이 환영했다. 내적 갈등에 박력 있는 지도자를 모색했던 중 마호메트를 바로 그 책임자로 세웠다. 하나님을 섬길 것, 이슬람교훈을 받을 것, 옳은 일에는 모두 복종 할 것, 자기를 보호해 줄 것을 약속 그들과 함께 가기로 했다. 월력을 사용하고 '특별시'로 옮긴 마호메트는 622년 야트립은 '예언자의 도시 메디나'라고 고쳤고 메디나 '특별시'라고 불렀다. 예언자, 행정가, 정치가, 장군, 왕, 심판자, 스승이 되었다.[90]

이슬람의 미래를 1773년 괴테는 그의 시에서 모하메드를 강물에 비유해서 강이 흘러감에 따라 점점 넓어짐 같이 그의 형제들을 영원하신 하나님 앞으로 이끌어 간다라고 썼다.

세계에서 가장 빨리 퍼지는 종교라고 한다. 1947년 7천만의 터어키가 기독교와 이슬람이 포교의 경쟁을 하고 있는데 이슬람이 10:1의 비율이라 한다. 대부분 온대지방 대부분을 차지하고 있다. 밤이나 낮이나 라디오 방송 TV에 뮤찐은 다음과 같은 기도문을 읽을 것이다.

하나님은 전능하시다. 하나님은 전능하시다. 알라 외에 다른 신은 없다

는 것을 나는 증언한다.

---

90) 휴스톤 스미드 원저, 『세계의 종교들』 (서울: 연세대학교출판부, 1993), 182.

모하메드는 알라의 선지자임을 나는 증언한다. 일어나서 기도하라, 일어나서 기도하라,

하나님은 전능하시니 알라 앞에 다른 신은 없느니라.

문선명 참부모의 리더십 연구를 통해서 경제, 정치, 문화, 예술, 체육, 종교, 교육, 신앙생활의 참사랑 공동체 생활이 출발하게 된다. 참부모의 13개 리더십으로 새로운 공동체 생활을 통해서 하나님의 실체로 찾아오신 천진인 참부모의 비전리더십 참사랑을 중심삼고 참개성완성, 참가정완성, 참주관으로 출발한다.

2) 참스승 리더십

"평화가 그와 함께 있으리라"

코란경을 중심한 말씀교육의 리더십, 절대 믿음의 리더십, 절대 사랑의 리더십, 절대복종의 리더십, 마호메트의 가장 큰 리더십은 예언자이지만 왕의 자리에서 하나님의 나라는 백성과 땅을 찾고 주권을 회복하는 것이다.

신학적 의미는 알라, 창조, 인간, 심판의 날이며, 그 의미는 두 가지이며, 그 의 의미 중 첫째로 다섯 기둥이다. 둘째는 코란경의 교훈이다. 도(道)의 안내는 매일 코란경의 첫 구절을 5번씩 암송하는 훈독생활이다. 온 세계의 주이신 하나님께 찬양하나이다. 동정심 많으신 자비로운 심판의 날의 왕이여, 우리는 당신을 예배하며 당신에게 도움을 청하오니 우리를 올바른 길로 인도 하소서, 그 길은 은

혜를 가지고 있는 사랑의 길이요, 당신의 분노를 가져오는 자의 길은 아니요, 타락한자의 길도 아니다.

이와 같이 구체적으로 오늘 내가 해야 할 사명과 책임을 가르쳐주고 지시 명령한다.[91]

첫째계시는 유대교의 안식일 토요일, 기독교의 주일, 이슬람교의 금요일 정오예배는 안식일, 주일예배와 같다. 둘째의 계시는 모세의 10계명이다. 셋째는 예수님의 황금 법칙 '네 이웃을 네 몸처럼 사랑하라'의 계시, 넷째, 이웃사랑의 방법이 '예언자의 표지'이다.

구체적인 계획과 방법으로 코란경을 소리 내어 훈독하고 마음을 초심으로 바르게 세워서 매일 구체적으로 정진하는 반복 학습법이다.

3) 참주관 리더십

아랍에서 이스마엘의 혈통을 따라 내려오면 이슬람교를 창설한 6세기(A.D.) 후반기 모하메드까지 연결된다. 모하메드 이전에도 성실한 하나님의 선지자가 있었지만 모하메드는 그 중 최고의 선지자로서 선지자의 상징으로 알려졌다.

모하마드가 탄생한 세상은 한마디로 말해서 야만적인 결핍과 사막의 태양열로 말미암아 싸움은 만성이 되었고 지방에서는 강도질과 강간이 보통으로 행해지고 있다. 6세기경 메카의 정치적 몰락으로 말미암아 이 혼란은 더욱 심해져갔다. 음란과 방탕은 싸움과 살인을 초래하기 일쑤였고 밤을 세워가며 하는 도박은 점점 심해져서 수습할 길이 없었다. 춤추는 여자들은 이 천막에서 저 천막으로 다니며 격렬한 사막의 보편화되어 있던 종교는 아무러한 역할도 하

---

91) 휴스톤 스마트, 『세계의 종교들』 (서울: 연세대학교 출판부, 1993), 190.

지 못했다.

모하메드는 약 571년(A.D.)경에 코람족인 메카의 상류 가문에서 태어났다. 모하메트라는 이름은 '높이 존경받다.'라는 뜻으로 이 세상에서 남자의 이름으로 가장 많이 쓰여진 이름이다. 그의 생의 비극은 젖먹을 때부터 시작되었다. 아버지는 애기가 태어나기 수일 전에 세상을 떠났으며, 그가 6살 됐을 때 어머니도 잃었다. 어머니가 사망한 후에 그를 키워 주시던 할아버지는 그가 9살 때 세상을 떠났기 때문에 삼촌집에서 살게 되었다. 이 어린 고아는 삼촌 집에서 가축을 돌보며 힘든 일을 해야 했지만 가족들로부터 따뜻한 사랑을 받으며 살았다.

그는 부모를 일찍 잃었기 때문에 모든 고통에 민감했으며 항상 약한 자와 불쌍한 자를 도와 줄 알았다. 그의 충실성과 정결과 의무감은 그가 성장함에 따라 '진실한 이' '고결한 사람' '믿을만한 자'라는 칭호를 받게 하였다.

청년기에 이르러서는 대상(隊商)에 가담하였고 25세 때에는 카디아라는 굉장한 부자 과부의 하인이 되었다.

그의 신중함과 고결한 성품은 그녀에게 대단한 인상을 주었으며 점차로 그들의 관계는 사랑으로 익어져 갔다. 그녀는 15세나 연상이었으며 그들은 마침내 결혼 했다. 15년간 목회준비와 메카 시외에 있는 히란산 돌 바위굴에서 철야기도와 명상으로 '단 하나의 하나님'으로부터 아랍어로 'La ilaha illa Allah' 즉 '알라외 다른 신은 없다'는 뜻이다. 소명을 받기 위해 동굴 속에서 기도했다. "외쳐라" 음성은 세 번째 명령을 내렸다. "무엇을 외치라는 말 이니까?" 모하메드는 두려움에 떨며 반문했다. 대답이 들려왔다. "외쳐라! 인간을 창조하신 하나님의 이름으로! 외쳐라! 너의 하나님은 놀라우신이요......." 아내에게 보고하고 협조 받아 하나님의 위대하심에서 역사하신다. 모하메드는 기독교보다 훨씬 이전에 모슬림을 일깨워 이 세계의 명백한 질서를 존경하도록 가르쳤다. 모하메드가 말하는 단 하나의 기적은 코란경 뿐이다.

처음 초창기에 많은 핍박과 시련을 이기고 모하메드 에게 충성심을 다해 알라에게 돌아오라고 간청했다. 10년이 지난 후에 수백 가정이 넘게 따르게 되고 하나님의 대변이라는 것을 믿게 되었다.[92]

경제규칙은 돈을 빌려주고 이자를 받지 않고 가난한자를 위해서 1년에 부자는 40분지 1을 가난한자를 돕는 '가난세'를 낸다. 장자에게만 상속하는 제도를 배우자 자녀에게도 상속을 해주어 불공평함을 해소하다.

여자의 위치는 당시엔 딸을 낳으면 재난으로 취급했던 시절에 모하마트는 갱신은 여자의 위치에 거대한 발전을 가져왔다. 남자와 동등한 대우와 상속권도 주었다. 결혼 확립은 위대한 업적이다. 결혼 전에는 춤을 추더라도 남자의 손이 닿지 않는다. 코란경에는 일부일처로 "만일 여러 부인가지고 공평하게 거느리지 못하면 한 여자와 결혼해야한다" 그러나 다른 절에 보면 "너는 하나 둘, 셋, 넷까지 결혼 할 수 있지만 그 이상은 안 된다."

시대정신에 입각한 이슬람의 출발은 기독교의 혼란을 이끌고 새로운 도전과 하나님 알라의 말씀을 외치고 강력한 참주관 리더십으로 공동체를 리더 했다.

4) 서번트 리더십

인종관계는 인종적 무차별을 강조한다. 어느 민족이나 코란경

---

92) 휴스트 스마트, 『세계종교들』 (서울: 연세대학교 출판부, 1993), 181.

으로 교육하고 지도하면 형제자매가 된다고 본다. 신앙심을 최우선으로 한 절대 믿음이다.

힘의 이용은 코란경은 용서함을 가르치며 그러나 악을 저항하지 말라는 말과는 전혀 다른 것이다.[93]

다섯 기둥은 그 첫째, 이슬람의 신조, 기도하는데 충실 하라, 둘째 기둥은 탄원의 기도, 셋째기둥은 사랑(charity)이다. 넷째기둥은 '라마단을 지키는 것' 금식이다. 다섯째는 순례이다.

무슬림의 전통적인 인사는 축소해보면 "살람 알라쿰"(평화가 당신과 함께하소서)이다.[94]

식생활은 가장 일반적인 것은 돼지고기를 먹지 않는다. 멧돼지 (산돼지)도 먹지 않는다. 사육도 하지 않는다. "죽은 고기와 피와 돼지고기를 먹지 말라... 그러나 고의가 아님 어쩔 수 없이 먹을 경우는 죄악이 아니니..." 등 꾸란 2장 173절, 5장 4절, 6장 146절, 16장 116절, 등에 근거를 둔다.

죽은 짐승의 고기, 피, 돼지고기, 추락사한 것, 타산된 것, 뿔에 찔려 죽은 것, 야수에 물려 죽은 것은 금기로 되어 있다. 또한 종교적으로는 금지가 아니나 관습적으로 안 먹는 해산물가운데서는 비닐이 없는 것, 뱀장어, 게, 전복, 조개, 오징어 등이다. 그 외에도 술, 마약, 대마초는 금지 되어 있다.(꾸란 2장, 216절, 5장 92절)

죄의 분류는 이슬람 법학자들의 4가지로 나누고 있다. 첫째, 신의 권리에 관련된 죄, 둘째, 인간의 권리에 관련된 죄, 셋째, 하나님의 권리와 인간권리에 같이 관련되어 있으나 인간 권리에 관한 것이 더 많은 죄, 넷째, 하나님의 권리와 인간권리에 같이 관련되어 있

---

93) 휴스트 스마트, 『세계의 종교들』 (서울: 연세대학교 출판부, 1993), 201.
94) 휴스톤 스마트, 『세계의 종교들』 (서울: 연세대학교 출판부, 1993), 202.

으나 하나님에 관한 것이 더 많은 죄이다.[95]

누구든지 초교파적으로 코란경을 교육해서 신앙하면 한 가족으로 받아주었다.

돼지고기는 구약의 돼 새김 하지 않는 고기 발굽이 갈라져 있는 고기는 금했으나 로마의 속국이었기에 먹지는 않았지만 돼지를 기르고 로마인들에게 돼지를 납품하였다.

참부모님은 돼지는 혈기를 부리며 잡을 때 소리를 지르기 때문에 그 고기를 먹으면 혈기를 부리게 되므로 도인의 기도정성 생활에는 절제하라고도 하셨다.

5) 영성 리더십

영성 리더십 가운데 정치다(신정정치) 이슬람교는 경제, 종교를 따로 생각하지 않는다. 이슬람국가의 주권은 신의 것이다.(꾸란에 의한 권위) 꾸란과 샤리아(이슬람법)는 최고의 법이며 천민으로부터 국가원수도 지켜야한다. 정부의 권위와 소유물은 신과 무슬림의 것으로 정부는 신을 경외하는 정직한 사람에게 위탁되어야한다. 국가 원수는 무슬림 상호간에 협의와 찬동에 의하여 선임되어야한다. 무슬림은 누구나 이슬람국가에 부당하고, 혐오되는 일을 적발 억압하는 임무와 권리가 있다.[96]

경제는 무하마드는 아라비아 상인들의 지나친 물욕에 대하여 비판했다.

꾸란 89장 20절에 "너희는 지나치게 제물을 사랑하는 도다."

부자가 자신의 돈과 재산만 믿고 교만해져서 신을 거부하게 되

---

95) 옹대수, 『이슬람교와 통일교의 메시아관 비교와 선교적 제안』 (아산: 선문대학교 신학전문대학원 해외선교학 전정 석사논문, 1999), 33.

96) 서정운, 『회회교권에 대한 기독교 선교』 (서울: 교회와 신학 1978), 130.

고, 결국 그는 비참한 종말을 맞게 된다는 것이다.

기본적으로 이슬람은 사유재산을 인정한다. 부유한자는 알라의 가르침에 따라 희사해야 된다고 강조하고 있다.(꾸란 2장 3절, 14장 31절) 부자들의 고리대금이나 이자취득은 엄금되어 있다.(꾸란 2장 278절, 3장 130절), 금전적 도박 행위(꾸란 2장 219절, 5장 93절)의 금지와 매점매석도 금하고 있다.[97]

하늘과 땅은 원래는 하나였다. 그런데 우리(알라)는 이것을 둘로 나누었고, 또한 물로서 모든 생물을 창조해 냈다. 불신자들은 어째서 그것을 모를까, 어째서 그들은 그것을 믿지 않는 것 일까.(21-30)

알라의 코란경을 믿고 실천하여 알라의 천주적 창조 목적의 에덴의 동산을 꿈꾸는 비전 리더십이다. 하늘 부모님의 창조목적은 아담과 해와 하늘부모님의 심정을 상속 받아 참사랑의 기쁨의 이상 가정 민족 국가 세계 천주까지 생육 번성 만물주관 하늘부모님을 해방 석방하는 것이다.

97) 김정위, 『이슬람의 입문』 (서울: 믿음사, 1987), 142.

III. 신통일한국가정연합 문선명, 한학자
독생녀 참부모의 리더십

1. 문선명, 한학자 참부모의 탄생, 성장 및 리더십

1) 탄생

참아버님 문선명 총재 성탄은 1920년 양력 2월 25일 자시(음력 1월 6일) 대한민국 평안북도 정주군 덕언면 상사리 2221번지에서 문경유 충부님과 김경계 충모님 사이에 6남 7녀 중 차남으로 태어나셨다. 참아버님 독생자 리더십으로 한평생을 다했다.[98]

참부모 리더십이란 참부모가 되어야하는 사상이며 참사랑을 바탕으로 참된 가정을 세워야 하며 참된 부모를 중심하고 3대권을 이루어 참사랑으로 한데 어우러져 사는 가정을 완성해야한다는 뜻이다.

참어머님 한학자(韓鶴子) 총재님 성탄은 1943년 양력 2월 10일 인시(음력 1월 6일) 평안남도 안주읍 신의리 26번지에서 한승운 대부님과 홍순애 대모님 슬하 외동 따님으로 태어 나셨다. 참어머님 독생녀 리더십으로 온 나라를 한나라로 치리하신다.[99] [100]

2) 참부모님 성장과 포교

문선명 참부모가 16세 되던 1935년 부활절 기간의 4월 16일 새벽에 묘두산에서 인류의 고통을 극복할 방법을 고심하며 간절한 기

---

98) 선학역사편찬위원, 『참부모님 실록』 (서울: 성화출판주식회사, 2017), 10.
99) 선학역사편찬위원회, 『참부모님 실록』 (서울: 성화출판주식회사, 2017). 12.
100) 세계평화통일가정연합, 『천성경』 (서울: 성화출판주식회사, 2013), 187.

도를 하던 중에[101] 그는 예수그리스도를 만났고, 재림메시아로서 인류 구원 사명을 받으셨다. "그는 고향에서 3년, 서울에서 3년, 도쿄에서 3년 기간에 정성을 드리면서 메시아 준비를 마쳤고, 1945년부터 공식노정을 출발하셨다."[102]

1951년 5월 10일 문선명 참아버님 <원리원본> 하늘부모님의 계시를 받아 집필 부산 범냇골 토담집에서 완료하셨다.

1951년 5월1일 세계기독교통일신령협회 창립, 서울 성동구 북학동 391-6호, 이창환, 유효원, 유효민, 김상철, 박정화, 강현실씨 등 참석, 1951년 5월11일 참아버님, 괴정동 김원덕씨 집에서 <원리원본> 집필시작 이후 1년간 집필에 주력, 1951년 8월 참아버님, 부산 동구 범일 4동 1513번지에 토담집 지음. 성가 '어둠에 싸인 세력' 작사.1956년 9월 25일 영어판 원리소개 김영운 역, 1957년 7월 21일 원리해설 교정마침, 1957년 8월 15일 원리해설 초판 발행, 발행처 세종문화사, 인쇄소 경향신문사 3천부이다. 1958년 6월 27일 식구 삼위기대 최초편성, 1959년 1월 2일 김영운 미국선교사 파송, 현재 전 세계 194개구 선교국 선교사 파송 활동한다.

그는 인류 삶의 총체적인 부분들을 다 구원하기 위하여 종교 경제 정치 교육 문화 등 다양한 분야에 개입하였고, 구원사적 실적도 많이 쌓았다. 그는 이상적인 인간(Ideal Man), 이상적인 가정(Ideal Family), 여러 가지 유형의 이상적인 공동체(Ideal Community)를 제창하였고 실천에 앞섰다.

문선명 참부모의 성화 이후부터 어린양의 아내인 독생녀 한학

---

101) 선학역사편찬원, 『참부모님 생애노정』 (서울: 성화출판사, 2017), 47. 나는 누구인가, 나는 어디서 왔는가, 인생의 목적은 무엇인가, 사후에 우리 생명은 계속되는가, 하나님은 실존하시는가, 하나님은 전능하신가, 전능하시다면 왜 인류 세계 문제를 해결해 주시지 않는가, 지구상에는 왜 수많은 고통이 존재하는가? 등의 끝없는 문제에 골몰하셨다.
102) 선학역사편찬원, 『참부모님 생애노정』 47.

자 참부모께서 세계평화통일가정연합(이하 '가정연합') 지도자로서
일하고 있다.

가) 사탄분립

"참부모의 사명은 사탄의 뿌리 되는 그릇된 혈통을 바로 잡아
야 되고, 그릇된 생명을 돌이켜 놓아야 되고, 그릇된 사랑의 길을 바
로 열어야합니다. 참부모는 이 거짓된 사랑을 깨끗이 청산하고 개
인 가정 종족 민족 국가가 분립 될 수 있도록 평화와 반대되는 악마
의 요소를 깨끗이 청산하기 위해서 투쟁하는 것입니다."

"60여전 아버님께서는 부산 앞 바다를 바라보시면서 뜻이 이루어지면
세계만민이 탄 배와 비행기가 본향 땅에 들어오기 위해 끝없이 줄을 잇
게 될 것 이라고 말씀 하셨는데,"(천지인참부모님 말씀 중 부산교구 헌
당식 천일국 5년 4월 26일 양력 5월 21일)

천일국 4대 성물 축복 전수

A. 천일국 성주

증식순서는 성별은 성념으로 구입한 포도주를 성별한다. 기도
는 성주 번식에 대한 기도, 혼합은 원성주와 구입한 포도주를 1: 4로
혼합한다. (원성주 1. 구입한 성주 포도주 4) 완료기도는 성주 증식
완료에 대한 기도, 추가로 많은 양을 증식 할 경우 증식한 성주를 원
액성주로 간주하고 동일 한 방법으로 한다.

B. 천일국 성염

유래와 의의는 성혼식 후 전통이 시작 참부모님께서 1960년 음력 3월 16일 참부모님의 성혼식 때 처음으로 성염을 만드시어, 성혼식 전에 교회 사방에 성별하셨다. 성혼식 후 전세계식구들에게 성염을 분배해 주도록 말씀하심으로써 성염을 통한 성별 생활의 전통이 시작되었다.

사탄 분립을 위한 성염, 참부모님께서는 성혼식의 승리적 기대 위에 타락으로 말미암아 사탄의 주관 하에 놓이게 된 인간과 모든 만물과 환경을 하늘 편 것으로 거룩하게 하기 위하여 일찍이 하늘 부모님께서 죄악을 멸하기 위하여 사용하셨던 소금으로 사탄분립을 위한 성염을 만드셨다.

선악 분립과 성별적 기능, 소금은 사물의 깨끗함과 온전함을 유지하게 함으로 선 악의 분립 더 나아가 인간의 온전한 삶을 위한 성별적 기능으로 성염이 된 것이다.

신앙인의 기본적 성별의식은 성염을 통한 성별 생활은 사탄의 침범을 쉽게 받을 수 있는 일사생활에서 사탄분립을 위하여 신앙인이 기본적으로 지켜야 할 성별의식이다.

하늘 것으로 분별, 성염은 만물을 새롭게 하고 하늘의 것으로 분별해 내는 조건 물로서 참부모님은 이러한 성염의 사용은 완전히 복귀된 세계에서는 불필요함을 언급하셨다.

천정왕궁 성염은 전통적으로 사용된 성염과 달리 2003년 8월 16일 통일가 식구들의 새로운 출발을 위한 중생식이 강조되었으며 성염이 전수되었고 2006년 6월 13일 대륙회장들에게 전수하신 천정궁 성염이 기존 성염을 대신해 왔다.

천일국 성염전수는 참아버님 천주성화 이후 본향원을 중심으로 지극한 시묘정성 기대위에 새로운 시대를 맞이하여 시대가 달라졌기 때문에 2016년 천력 3월 16일 (양4.22)에 천일국 성염을 하사해 주셨다.

천일국시대 성염 의의는 온전히 하늘 부모님의 참된 자녀가 되기 위한 자신의 철저한 선악분립생활, 선악으로 대비되는 하늘 부모님과 사탄의 분립을 통하여 하늘 부모님만을 삶의 기준으로 삼고 하늘부모님의 자녀로서 살기위한 자신의 정결한 신앙의 의지를 반영, 천일국 시대 신앙인의 삶 자체가 성별된 삶 곧 성별 생활, 소금이 지니는 상징성은 선과 악의 분립, 사물의 정화, 더 나아가 인간의 정결이라는 성별적 기능의 이미지이다.

"우리는 자신이 하나의 기준까지 올라가야한다. 그러기 위해서 우리는 성염을 사용해 자신을 성별하는 것이다."라는 참부모님의 말씀은 성염을 사용함으로써 궁극적으로 천일국 신앙인이 늘 성별된 삶을 살고 있는지를 다시 한 번 각성케 하며 또한 성별된 삶의 필요성을 요청하신다고 이해된다.

성별적 사고는 본질적으로 신앙인 자신의 기본적인 삶의 태도이며 온전히 하늘 편의 생활이 되기위한 개체적인 정화 노력으로 이해해 볼 수 있다.

성염 사용 방법은 성염을 가지고 성별 할 때의 기본적인 기도는 천일국 4년 천력 3월 16일 (양 2016,4.22)천일국 성염 사용 때부터 "천진인 참부모님과 천일국 OOO이름으로 성별하나이다."로 기도한다. 성염을 십자(북에서 남으로— 동에서 서로)로 뿌린다.

식료품, 옷, 가구, 차량 등 구입한 물건은 성염으로 성별해야 한다.

식구가 아닌 사람에게서 선물을 받았을 때 성별해서 사용한다. 식구들에게 받은 선물일지라도 주는 사람이 성별을 이미 했다고 명확히 말하지 않으면 성별을 해야 한다.

　3일 행사나 봉헌식을 할 경우 어떤 장소를 깨끗이 하고 정화하려 할 때 성염으로 성별한다.

　방을 성별 할 경우, 방 한가운데서 북쪽을 행해서 선다. 기본적인 기도를 한 후 북, 남, 동, 서 십자형으로 성염을 뿌린다. 그다음에 방 전체에 뿌린다는 조건으로 시계바늘 방향으로 성별 한다.

　건물과 토지의 구입 및 임대의 경우, 중심이 되는 장소에서 전항과 같이 하며 다른 방향은 약식으로 방문을 열어놓고 방안에 성염을 세 번 뿌린다.

　토지를 성별 할 경우 가능하면 길을 따라 성염을 뿌리면서 주위를 돈다. 만일에 그 토지규모가 너무 커서 전 지역을 성별하기 힘든 경우에는 토지 중심부로 가서 방이나 장소를 성별 할 때와 같은 방법으로 성별 한다.

　성별된 물건을 매각 또는 외부에 헌납 및 반납해야 할 경우, 성별한 물건은 사탄세계에 내주지 말아야 한다. 불가피한 경우에는 기도를 통하여 사용하였던 한정적인 기간에만 그 효력이 타나도록 한다. 음식점에서나 친구의 집에서의 음식을 먹을 때, 성염으로 성별 하는 것이 좋으나 분위기가 어려울 때는 성염을 사용하는 대신에 음식을 향해 가볍게 세 번 입으로 불어서 성별 한다. 사물에 대한 성별의 경우에도 성염이 없을 때 같은 방법으로 불어서 성별한다. 사물에 대한 성별의 경우에도 성염이 없을 때 같은 방법으로 세 번 불어서 한다.

　장례식장에 참석한 경우(교회 혹은 가정으로 들어가기 전의 성별) 축복가정의 성화식에 참석한 경우에는 성별 하지 않아도 된다. 그러나 일반가정의 장례식에 참여했을 경우 사탄세계의 사망과 영결된 모든 것을 영적으로 깨끗이 하기 위해서 성별해야한다.

성염 증식 방법은 교회 목회자가 교회에서 쓰는 성염을 증식해서 나눠준다. 축복가정은 본인 직접 만들어 쓴다.

성염(씨가 되는 원성염)을 일정량 마련한다.

성염을 증식하려는 장소를 깨끗이 한다. 일정량의 새 소금을 구입하여 성염으로 성별한다.

원성염과 같은 양의 새로운 소금더미를 똑같이 일곱 개를 만든다. 더 많은 양을 만들려면 성염 증식 절차에 따라 한 번 더 증식하면 된다.

보고기도를 다음과 같이 올린다. "천지인 참부모님과 천일국 000 이름으로 성염을 증식하고자 하나이다."

원 성염을 나누어 준비된 새 소금 일곱 더미 위에 갖다 놓는다. 원성염과 각각의 새 소금과 섞는다.

모두 함께 섞는다.

감사의 보고기도를 드린다.

C. 천일국 성초

해산초는 7개로 구성된 칠성초로서 참부모님 가정에서 예진님 탄생(1960년 음력 12월 11일)부터 사용되기 시작, 하늘부모님의 자녀가 성별된 환경에서 탄생되어 질 수 있는 조건으로 사용된다.

심정초는 (1966년 1월 5일 전수)는 인간 자녀의 타락으로 초래된 하늘부모님의 슬픈심정을 위로하며, 하늘 부모님의 참된 아들과 딸이 되어 하늘 부모님의 뜻 성취를 하기 위한 자녀들의 결심을 기원하는 뜻이 담겨있다.

애천초는 (1984년 5월 20일전수)는 참아버님초와 참어머님초

한 쌍으로 되어 있으며 '참부모님의 참사랑'의 의미를 진닌다.

통일초는 (1995년 9월 5일부터 1996년 1월 2일까지 참어머님께서 참자녀님들과 함께 120일간의 정성을 들인 터 위에 전수해주신 성초로서 위에서 안급된 해산초, 심정초, 애천초의 통일적 의미를 지닌다.

천정왕궁초는 2016년 6월 13일 천정궁 대관식 때 대륙회장들에게 전수되었다.

천일국창건초는 2012년 1월 2일 천지인참부모 93세 성탄 및 금혼식과 고희 그리고 희년 기념식을 맞이하여 천복궁에서 거행된 천복식에서 전 축복가정에게 전수해주시면서 전 인류는 하늘 가정을 모시고 하나의 핏줄, 하나의 전통, 하나의 닮의 삶을 살아야한다고 하셨다. 이 촛불을 중심삼고 교회, 나라, 세계까지 꺼지지 않도록 전부다 붙여야 한다고 말씀해 주셨다.

천일국 성초는 천일국 4년 천력 3월 16일 참아버님 천주성화 이후 본향원을 중심으로 지극한 시묘 정성 기대위에 새로운 시대를 맞이하여 시대가 달라졌기 때문에 천일국 시대에 사용할 성초를 하사 해주셨다.

성초사용 방법은 성초를 밝힘으로써, 하늘 부모님께서 우리와 함께 하시며 능권으로 역사해 주신다. 성초는 하늘 부모님의 뜻 성취를 위하여 공동으로 또는 개인적으로 마음을 모아 정성을 드릴 때 언제나 사용 할 수 있다.

축복 받기 위해 특별 정성을 드릴 때, 3일 행사를 할 때, 자녀를 해산 할 때(초는 1개 또는 7개를 사용 할 수 있다.), 축복가정의 자녀 봉헌식을 할 때, 자녀 출생 후 40일, 103일, 생일식을 할 때, 가정에 중대한 일이 있을 때, 교회 또는 가정에서 예배나 훈독회를 드릴 때, 안시일, 명절 등의 경배식을 드릴 때, 천일국의 실체적인 창건을 위하여 불을 붙인다. 성초는 끌 때는 입으로 불지 않고 두 손가락이나 소화도구를 이용한다. 모든 성초는 천일국 4년 천일국 4년 천력 3월 16일(양 2016년 4월 22일) 전수해준 천일국 성초로 통일하여 추후는 천일국 성초만 사용한다.

성초 증식 방법은 3개(또는 1개)의 새로운 초를 구입하고 성염으로 성별한다. 새로운 초는 흰색이나 밝은 미색으로 적어도 길이가 12~15센티미터 정도는 되는 것이 적당하다. 원성초를 꽂아 놓을 촛대 또는 접시를 준비한다. 촛대에 꽂은 원성초는 하늘 부모님앞의 위치에, 새로 구입한 3개의 초는 아담 해와 자녀의 세 위치에 4위기대 모형으로 세운다.

"천지인 참부모님과 천일국 주인 OOO 이름으로 성초를 증식하고자 하나이다." 하는 내용으로 증식을 시작하는 기도를 올린다. 원성초에 성성냥으로 불을 붙인다. 원성초를 양손으로(오른 손이 위로가고 왼손이 밑을 바치고) 잡고 아담, 해와, 자녀 초의 순서로 불을 붙인 다음, 원성초를 원위치(하늘 부모님의 위치)에 다시 놓는다. 초에 불이 타고 있는 동안 마무리하는 기도를 올린다. 성초는 1대1로 전수 증식해서 사용 할 수 있다.

D. 성성냥

성성냥 증식 방법은 3개(또는 1개의 새로운 성냥을 구입하고 성염으로 성별한다.

원성냥은 하늘 부모님의 위치에, 새로 구입한 3개의 성냥은 아담 해와 자녀의 세 위치에 사위기대 모형으로 놓는다. "천지인 참부모님의 이름으로 성 성냥을 증식하고자 하나이다."하는 내용으로 증식을 시작하는 기도를 올린다. 원 성냥을 가져다가 아담, 해와, 자녀 성냥위에 순서대로 올려놓았다가 원위치 (하늘 부모님의 위치)로 다시 가져간다. 간단히 마무리 하는 기도를 드린다. 성냥이 없을 경우 성 라이터로 전수 사용이 가능하며 증식 방법은 성 성냥 증식과 동일하다.

E. 천일국 성토

유래와 의의는 천정궁 입궁대관식 때 재창조도니 성토 전수, 참부모님께서는 2006년 6월 6일 천정궁 입궁대관식을 7일 앞두고 천정궁 앞뜰에서 거행된 '천일국 태평성대 기원 및 국민 서약식'에서 빛, 바다와 육지, 식물과 동물, 그리고 인간을 재창조하는 의식을 집전하셨다. 특히 12개 대륙 대표자들로부터 성토와 성수를 봉헌 받으시고 천정궁 성토와 물을 담아 석으시어 재창조된 성토를 다시 대륙회장들에게 전수해주시고 각 국가별 성지에 분토하도록 하신 것이다.

천정궁 본향원 성토는 천일국 기원절 이후 참부모님 성혼 56주년 기념일을 맞아 천정궁 본향원의 성토를 전 대륙에 분배하여 천일국 기원절에 실체천일국의 성토의 증식을 통해서 실체천일국이 각 대륙과 국가로 확장되기를 소원하신다.

하늘 부모님이 인간을 지으실 때 흙으로 인간을 빚어 만들어 그 코에 생기를 불어 넣으셨다.

그리고 인간은 하늘 부모님의 전이라고 하셨다. 즉 인간이 타락하지 않았다면 하늘 부모님은 인간의 체를 쓰시고 들어와 일체합덕이 되셨을 것이다. 그러므로 성토는 태초에 사탄이 침범하기 전에 인간 재창조의 상징물이며 이성토로 말미암아 하늘부모님의 전으

로 회복의 의미가

있다. 구약에서도 나와 있듯이 전 -성막 -성전-하늘나라로 확대하는 개념이 이 있다. 결국 성토는 나와 가정교회 천일국으로 확대하기 위한 상징체이다.

성토 사용 방법은 각 대륙본부, 국가, 교회단위는 천일국 원성토를 보관하고, 성토를 증식하여 국가별 교회별 성지에 분토한다. 축복가정은 보관 후 성화식 때 원전식에서 헌토시 혼합하여 헌토한다.

성토 증식 방법은 천일국 성토는 가정단위 또는 개인별로 증식할 수 있다. 교회 목회자가 교회에서 쓰는 성토를 증식해서 나눠준다. 성토(씨가 되는 원성토)일정량 마련한다. 성토를 증식하려는 장소를 깨끗이 한다. 일정량의 새 흙을 성지에서 가지고 와서 성염으로 성별한다. 원성토와 같은 양의 새로운 흙더미를 똑 같이 일곱 개를 만든다. 만일 원성토가 극히 소량일 경우라면 그와 같은 소량의 일곱 더미를 만든다. 더 많은 양을 만들려면 성토 증식 절차에 따라 한번 더 증식하면 된다.

보고기도를 다음과 같이 올린다. " 천지인 참부모님과 천일국 주인 OOO 이름으로 성토를 증식하고자하나이다." 원성토를 나누어 준비된 새 흙 일곱 더미위에 갖다 놓는다. 원성토와 각각의 새 흙과 섞는다. 모두 함께 섞는다. 감사의 보고기도를 드린다.

나) 참부모님 성혼식

1960년 4월 11일 (음력 3,16) 참부모님 성혼식, 전본부교회, 참석권 분배 가약식 1차, 가약식 2차 행사, 성혼식 1차 탕감복귀 부모의식 서양식으로 거행, 성혼식 2차 영광의 부모의식 한국식으로 거

행하였다.[103)

다) 3가정 믿음자녀 축복식

3가정 축복결혼식 1960년 4월 16일 김원필-정달옥, 유효원-사길자, 김영휘-정대화 가정 전본부교회에서[104) 경축행사로 출발했다.

라) 참부모 선포

참부모 선포와 여성연합, 가정연합시대 1992년 7월 3일 서울에서 통일그룹 지도자 회의에서 참부모님께서 참부모 선포하시고 여성연합 지도자회의에서 1992년 7월 6일 재림주를 선포하셨다. 1992년 8월 제1회 세계문화체육대회에서 "본인은 금년 7월초 한국 5대도시에서 개최된 세계평화여성연합 지도자대회에서 본인과 본인의 아내 한학자 총재는 인류의 참부모요 구세주요 재림주요 메시아라고 선포했습니다."[105) 라고 밝히셨다.

3) 참부모 리더십
1) 3대 축복으로 본 13가지 리더십
제 1 개성완성의 축복으로 본 리더십 5가지
(1) 비전 리더십
(2) 셀프 리더십
(3) 기도 리더십
(4) 카리스마 리더십

---

103) 선학역사편찬위원, 『참부모님 실록』 (서울: 성화출판주식회사, 2017), 37.
104) 선학역사편찬위원, 『참부모님 실록』 (서울: 성화출판회사, 2017), 38.
105) 선학역사편찬위원, 『참부모님 실록』 (서울: 성화출판주식회사, 2017), 337.

(5) 영성 리더십

제 2 축복 가정완성으로 본 리더십 4가지
(6) 참부모 리더십
(7) 참가정 리더십
(8) 참스승 리더십
(9) 서번트 리더십

제 3의 주관성 완성의 축복 리더십 4가지
(10) 참주관 리더십
(11) 임파워먼트 리더십
(12) 군사 리더십
(13) 문화 리더십

2. 문선명 참부모의 리더십

1) 3대 축복으로 본 13가지 리더십
(1) 비전 리더십

참부모 선포와 여성연합, 가정연합시대 1992년 7월 3일 서울에서 통일그룹 지도자 회의에서 참부모님께서 참부모 선포하시고 여성연합 지도자회의에서 1992년 7월 6일 재림주를 선포하셨다. 1992년 8월 제1회 세계문화체육대회에서 "본인은 금년 7월초 한국 5대도시에서 개최된 세계평화여성연합 지도자대회에서 본인과 본인의 아내 한학자 총재는 인류의 참부모요 구세주요 재림주요 메시아라고 선포했습니다."[106] 라고 밝히셨다.

참부모 리더십이란 참부모가 되어야 하는 사상이며 참사랑을 바탕으로 참된 가정을 세워야 하며 참된 부모를 중심하고 3대권을 이루어 참사랑으로 한데 어우러져 사는 가정을 완성해야한다는 뜻이다.

> "참부모의 사명은 사탄의 뿌리 되는 그릇된 혈통을 바로 잡아야 되고, 그릇된 생명을 돌이켜 놓아야 되고, 그릇된 사랑의 길을 바로 열어야합니다. 참부모는 이 거짓된 사랑을 깨끗이 청산하고 개인 가정 종족 민족 국가가 분립 될 수 있도록 평화와 반대되는 악마의 요소를 깨끗이 청산하기 위해서 투쟁하는 것입니다."

> "여러분이 세계의 대표가 되고 싶으면 다 될 수 있습니다. 하늘땅을 대표한 사랑을 중심삼고 세계를 하나님같이 사랑하고, 나라의 백성을 하나님같이 사랑하고, 자기 집을 창조 할 때의 하나님의 마음을 가지고 사랑 할 수 있다면 다 그렇게 될 수 있습니다.[107]"

생육하고 번식하여 만물을 주관하라하신 창세기 1장 28절의 3대 축복을 하늘부모님은 우리 인간에게 축복해 주심에 참부모님을 통해서 첫째, 개인완성은 인격완성으로 하나님을 닮은 삶이다.

둘째, 가정 완성은 가정에 하나님을 모시고 참사랑의 궁전을 완성하여 하늘 부모님을 중심한 아담과 해와 자녀가 심정일체를 이루어 삼대상 목적을 완성하여 사위기대를 완전히 이루게 될 때에 하

---

106) 선학역사편찬위원, 『참부모님 실록』 (서울: 성화출판주식회사, 2017), 337.
107) 세계평화통일가정연합, 『천성경 증보판』 (서울: 성화출판주식회사,2013),161.

나님이 영원히 운행하시고 역사하시며 항상 기뻐하시고 감사하는 생활이 영속되는 참된 삶의 참사랑을 중심한 왕궁이다.

셋째, 주관성 완성은 하늘 부모님의 심정을 상속한 자리에서 만물 만상을 참사랑하고 창조이전의 참사랑을 공유하면서 하나님을 해방 석방 모든 영혼들을 해원 구원 중생 부활 축복 영생토록 천지인참부모님을 모시고 만물을 주관하여 하나님의 천일국에 참자녀로 기여하는 천운천복 상속인이다.

1960년 4월 11일 (음력 3,16) 참부모님 성혼식, 전본부교회, 참석권 분배 가약식 1차, 가약식 2차 행사, 성혼식 1차 탕감복귀 부모의식 서양식으로 거행, 성혼식 2차 영광의 부모의식 한국식으로 거행하였다.[108]

> "1988년에 올림픽 대회를 중심삼고 장자권 복귀를 선포 했습니다. 장자권 복귀. 부모권 복귀, 그 다음에 왕권복귀를 선포했습니다. 천상세계.지상세계 왕권정착을 선포한 것입니다. 이제 할 것은 뭐냐?세상 나라에는 주인이 없습니다. 세상 나라의 주인은 사탄입니다. 사탄의 핏줄을 중심삼은 악마가 주인입니다. 거짓부모를 중심삼고 거짓풍토가 된 것입니다. 여기에서 참부모 선포를 했습니다. "[109]

하나님의 창조의 목적은 기쁨의 세계이다.

그러나 인간 아담 해와의 타락으로 하나님을 중심한 참사랑의 가정을 이루지 못하고 사탄을 중심 거짓가정으로 출발했다.

고로 참생명, 참혈통을 회복하고 하나님 심정권을 상속 받아야

108) 선학역사편찬위원, 『참부모님 실록』 (서울: 성화출판주식회사, 2017), 37.
109) 세계평화통일가정연합, 『천성경 증보판』 (서울: 성화출판주식회사, 2013),161-162.

함으로 참사랑을 중심한 이상세계를 회복하는 탕감복귀섭리이다.

재림주님이 다시 오시마고 약속한 목적은 독생녀를 맞이하여 어린양 잔치로 인류구원이 약속이 메시아 구세주 참부모로 오시어 지상.천상세계의 영육을 완전구원을 해야 한다.

실체 천일국을 완성하여 하나님을 해방 석방하고 인간의 원죄와 유전죄 연대죄 자범죄를 총체적으로 탕감복귀 하나님의 복귀섭리 책임 95프로 인간 책임분담 5프로 합 100프로 창조이상 합목적을 완성해야한다.

> "참부모는 타락하지 않은 아담 해와입니다 하나님이 1대, 참부모는 2대, 인데 축복가정들을3대권내에접붙여준것입니다.돌감람나무에참감람나무를접붙였기 때문에 참감람나무가 되기 위해서는 자기가 많이 노력해야합니다. 참사랑과 참생명과 참핏줄의 순결성을 자기 자체에서 내적 외적으로 정비해야 할 책임이 무엇 보다도 급선무입니다. 참부모를 자기의 혈통적인 직계 부모로 느껴야 됩니다. 참부모 앞에 효도하고, 나라를 모시고, 하늘땅을 모시는 효자.충신.성인.성자의 도리를 다 할 수 있는 기준에서 완전히 하나 되어 있어야 됩니다."[110]

하늘 부모님과 심정일체권을 이루어야 만이 참부모를 통한 중생과 부활과 축복 결혼하여 영생으로 거듭난다.

참생명과 참핏줄, 순결성 정화정성으로 참부모와 신인애 일체이상 천지인합덕 천지인 일체이다.

> "참부모는 천지부모이고 하나님은 천주부모입니다. 지상의 천지부모는

110) 세계평화통일가정연합, 『천성경 증보판』 서울: 성화출판주식회사, 2013), 201-203

1대입니다. 1대에 끝나는 것입니다."[111]

천지인 참부모님의 승리권을 상속받아서 천주부모님을 모시고 주체와대상이 수수작용에 의한 존재 작용 번식한다. 전유 전능 소속감으로 한 고리로 원형운동을 거듭한다.

> "하늘 부모님의 심정을 알고 살아온 본인의 생애에는 한마디로 밤과 낮을 잊고 계절과 환경을 뛰어 넘으며 오로지 뜻을 성사하기 위하여 전심전력(全心全力)을 다해 왔습니다. 본인의 80년 생애를 뒤돌아 볼 때 그동안 갖은 고초와 핍박에도 불구하고 이 자리에서 오늘 여러분과 함께 할 수 있게 된 것은 오로지 하늘 부모님이 도우셨기 때문입니다."(평화경 234)[112]

나) 독생녀

요한계시록 21장 9절 말씀 "어린양의 독생녀 아내를 네게 보이리니"[113]라는 말씀은 준비하신 독생녀를 보내신다는 계시다.

예수께서 십자가에 돌아가시면서 다시 오마 다시 와서는 어린양잔치를 하겠다는 그 말씀 다시 오시는 재림메시아 이 땅위에 신랑으로 와서 성신실체 신부를 배필로 맞아 참된 인류로 맞아 참된 인류로 접붙이는 예식 하나님의 사랑을 몽땅 내 사랑과 같이 하나님의 품에 안기어서 하나님의 직계사랑으로 돌아가는 어린양잔치 예수님은 독생자 하나님의 사랑을 처음 받을 수 있는 첫사랑을 독차지 할 수 있

---

111) 세계평화통일가정연합, 『천성경 증보판』(서울: 성화출판주식회사, 2013), 237.
112) 세계평화통일가정연합, 『평화경 증보판』(서울: 성화출판주식회사, 2013), 234.
113) 김호용, 『성경전서 개역 한글판』(서울: 재단 법인 대한 성서공회, 1991), 421.

는 왕자, 신랑은 독생자이시고 신부는 독생녀라 참아버님은 재림메
시아 문선명 독생자로 독생녀 왕녀인 한학자 참어머님을 만나는 어
린양잔치 참부모님 양위분의 성혼식으로 실현되었다.

창세기에서 잃어버린 아담 해와를 요한계시록에서 세우는 참부
모님 양위분의 성혼식 에덴동산에서 바라나온 어린양 혼인잔치이
다.[114)

신종족메시아의 역할은 전도에 직접 중심적 역할과 권위는 아
벨로서 가인을 구원해야한다. 하늘 부모님의 내적 대신자, 대언자,
대역자, 대사자의 권위와 외적으로는 가정에 근간을 둔 사회 집단
의 종족의 지도자로서 신종족적 메시아 리더십은 인간관계 형 리더
십, 훈독 가정교회장 리더십, 신종족메시아가 자녀권과 더불어 3대
를 넘어 한 지역에 정착하게 되면 토착화된 공동체를 형성하므로
뿌리 조상이 되어야하고 찾아진 자녀들에 대한 애정이 종족우선주
의로 표출 천일국 문화 즉 하나님을 중심한 심정문화가 형성 참부
모님의 전형노정을 계승한 만인 메시아사명을 책임 완수하여 메시
아가 되므로 다시금 나와 나의 가정이 신종족으로 재창조 받는 운
동이다.

신종족공동체 결성으로 천일국실세화를 위해서 축복가정 복귀
풀뿌리 조직이다. 축복가정 협력하여 신종족메시아 사명 완수와 참
부모님을 자랑하고, 우리 모두가 승리했다는 것을 마을과 종족, 민
족과 나라와 세계 앞에 자랑하면 만사형통이 되고, 하나님과 참부
모님의 심정유발과 심정체휼하며, 평화통일참가정운동을 지속적으
로 조직과 교육하기 위해 전도양육전문가 양성 기간이 필요하다.[115)

114) 유경석, 『통일세계 통권 550호』 (서울: 세계평화통일가정연합 2017). 4.
115) 위재성, 『2017 희망드림 전남교구 컨퍼런스』 (전남: 전남교구 2017), 28.

(2) 셀프 리더십

가) 셀프 리더십

평화(平和)의 길은 '소통'에서 시작된다.[116] 세계평화터널재단은 2005년 12월 24일 '피스킹인터내니셔널(PKI)'이라는 이름으로 창설돼 올해 창설 12주년을 맞고 있다. 재단은 창설이래 지구촌의 원활한 소통과 교류를 위해 한일터널과 베링터널, 한반도 중단철도연결 프로젝트 추진 등 다양한 사업을 펼쳐왔다. 이는 지구촌 단절 구간을 잇고 인류의 항구적 평화와 번영을 이루는 첩경이기 때문이다. '피스킹로드(peace king road)'라는 시르즈를 통해 재단의 12년간 발자취를 되돌아봄으로써 피스로드를 통한'인류 한 가족'의 평화세계를 구현하는 데 한편, 평화를 위한 국민 참여의식을 북돋우고자 한다. 문선명 한학자 총재의 제안으로 일본 및 베링해협 터널 및 다리고속도로는 진행 중에 있다. 1981년 11월 10일 서울 세종문화회관, 이 자리엔 세계109개국 857명의 각 분야 석학들로 열기가 가득 찼다. '제10차 국제과학통일회의'에 참석차 왔는데, 당시 한국사회에서 큰 회의였다. '절대가치의 탐구와 새로운 세계의 창조'라는 주제였다. 전체회의 의장은 스웨덴 노벨수상자 몰튼 폰 오일러 박사였다. 부의장은 한국 학술원 원로 이병도 박사였다. '국제평화고속도로(일명 피스로드) 건설을 제창한 것이다. 문선명 총재는 '절대가치와 세로운 세계의 창조'라는 주제의 기조연설에서 새로운 지구촌 문명공동체 구상을 한.일 해저터널 공사를 제안했다.' 세계와 인류'라는 차원에서 '인터내셔널 하이웨이(international highway)'의 건설을 제안 했다. '아시아권 대(大)평화고속도로'를 건설하는 것이다. '국제평화고속도로권"을 말하는 것이다. 2005

---

116) PEACE ROAD, (서울: www.peaseceroad.com vol.38 2017.6),11.

년 9월 12일 미국뉴욕 링컨센타에서 천주평화연합(UPF) 창설대회에서 '베링해협 프로젝트'를 발표했다. '세계 초고속도로를 연결해줄 '세계평화의 왕 교량 터널(WORLD PEACE KING BRIDGE. TUNNEL)'를 완성하고 세계를 일일생활권으로 만드는 것이다. 주식회사 일신 이용훈 회장이 2008년 1월 17일 건설교통부로부터 인가를 받아 재단법인 '평화통일재단' 후에(세계평화터널재단으로 명칭이 바뀜)창설되어 이른다. 독생녀 한학자 참어머님의 리더십으로 세계성직자연합창설, 세계국회의원연합 창설, 세계정상인연합, 세계종인연합과 선학세계기후환경평화상, hj글로벌장학재단 인재육성장학금전달 등이다.

식구와 사업상담, 심리상담, 진로 취업 상담은 오로지 대화이다. 1;1 원리 교육은 자신의 마음공부와 융합을 위한 초창기 참부모님의 선교 및 전도 사역의 가정교회 역사의 산 기록의 사례이다.

약혼 및 축복결혼 개인 상담 및 간증 사업 계획 보고 선교사파견 모든 것이 나만의 준비된 하늘의 소명과 책임이 있다. 그 고비를 잘 넘고 하늘 앞에 감사하면서 기쁨의 신학으로 일관하면 예수님의 제자들처럼 소망과 희망의 비전으로 지치지 않겠다. 꿈이나, 환상, 방언 계시가 내게 필요한 것도 상대방에게 미리 보여주고 가르쳐준다

나) 4대 성물

2016년 4월 22일 참어머님, 천지인참부모 성혼 56주년 기념식, 천정궁 800여명, 천일국 4대 성물하사, 성주, 성염, 성토, 성초와 성성냥, 하나님의 백성으로 전 가족 참혈통 전환, 성염 모든 피조물을 성별 하나님의 소유권으로 전환, 성토 창조본연 성별된 조국 고향

땅으로 복귀 환원, 성초와 성성냥 정기신 몸 마음의 진리의 빛으로 인도하여 하나님을 부모, 스승, 주인으로 모시고 신인애 일체 진리의 말씀과 영원히 영생하라는 축복이다.[117] 참스승의 리더십이란 참부모로부터 참되고 선한 교육을 받고, 횡적인 학교 학문도 종적인 인성교육의 바탕에서 전개되어야 한다는 뜻이다. 건학 이념은 애천애인 애국이다.

(3) 기도 리더십
가) 기도 리더십

잠을 주관하는 일 또한 중요하다. 전쟁 중에 잠을 주관 못하면 언제 어디서 누가 자신의 목을 베어 갈지 모른다. 긴장과 초긴장 상태에서 잠을 주관해야 적군으로부터 아군을 보호하고 자신도 보호 받을 수 있다.

재난에 살아남는 방법은 잠을 자지 않고 최후일각까지 현장에서 구제받는 길이다. 만약에 오는 잠을 참지 못하고 잔다면 그만 그 생명은 담보 받을 길이 없다 고로 24시간 하루를 밤을 낮으로 낮을 밤으로 건너뛰면서 살아간다면 보통 사람들의 삶을 배로 사는 격이다. 잠을 주관하고 강인한 의지로 하늘 부모님과 천지인참부모님의 섭리의 중심이 되어 산다면 하늘은 스스로 돕는 자를 돕는 것처럼 역사의 부모요, 스승이요 참주인 되는 삶이며 천주지도자의 리더십이다.

철저한 자기관리이다. 내일은 없다고 라고 산다면 오늘이 나의 최후 만찬이다. 결국 오늘이 없는 내일은 보장 받을 길이 없다. 미래는 오늘의 삶의 결과이다. 과거는 오늘과 미래가 융합하면서 만들

---

117) 선학역사편찬위원, 『참부모님 실록』 (서울: 성화출판주식회사, 2017), 684.

어가는 저축이다.

석양격언에 '시간은 돈이다.'란 말이 있다. 나이는 숫자에 불가하다. 젊었다고 자랑하지 말고 또한 늙음을 슬퍼하지 말고 현재의 나를 찾는 미아가 되지 말고 확실한 나를 안내하여 나아가고자하는 목적지로 안내해라! "운명아 비켜라 나는 간다." 라고 시간과 나의 인생의 삶을 다시 태어나 나아가자.

나) 참주관 리더십

2014년 1월 2일 세계평화통일가정연합 본부 시무식, 청평 본향원, 협회임직원과 전국교구장 100여명 [118]참주인 리더십이란 참된 주인이 되어야하는 사상이며 창조는 절대신앙, 절대사랑, 절대복종의 기준에서 달성하신 완전투입의 결실이며 참주인이 되는 전제 조건도 참부모의 심정을 소유하는 것이다. 부모의 심정으로 모든 직원들을 사랑하고 모든 지원들을 사랑하고, 백성을 사랑하고, 백성과 함께 동거, 동락 할 수 있는 대통령이라야 그 나라의 참된 주인이 된다.

(4) 카리스마 리더십
가) 카리스마 리더십

천주평화연합 조국향토 환원대회는 2006년 3월 25일 선문대학교에서 열린 서울권 대회를 시작한 조국향토 환원대회가 4월 3일까지 10일간 주요 지역권에서 100만 명의 시민들이 참석한가운데 천주평화연합 조국향토 환원대회를 '하나님의 이상가정과 평화이상 세계왕국'이라는 주제의 말씀을 선포하셨다. 이어서 축복식을 집례하셨다. 4월 28일부터 5월 10일까지 세계주요 도시와 8월 19일까지

---

118) 선학역사편찬위원, 『참부모님 실록』 (서울: 성화출판주식회사, 2017), 648.

180개 국가에서 참자녀들이 동참한가운데 세계 순회 강연회는 참 부모님의 절대믿음, 절대사랑, 절대복종의 자리는 돈보다는 귀하고, 지식보다도 더 나은 것이고 권력보다는 나은 것입니다. 에덴동산에 창조이상의 본연의 이상가정을 찾아 세우려던 뜻이 드디어 하늘부 모의 축복으로 실체적으로 이루어졌다.[119]

부부와 하나님을 중심삼고 가정이 정착한 것은 이번 이 기간밖 에 없었고, 어머니를 중심삼고 여자들이 어머니의 분신이 돼서 세 계의 모든 인류를 해산해 주어야 합니다. 혼자서는 못하는 것입니 다.[120]

순결이 국가경쟁력이라고 한 문상희 교수의 순결 리더십이다. 순결의 의미는 순수하고 깨끗한 상태, 여자가 성적인 경험을 하지 않고 처녀의 몸으로 있는 상태 남녀가 정신적 육체적 깨끗한 상태 의 일반적 의미이다. 순결의 삶의 조건은 감사, 겸손, 사랑, 효성, 청 결, 근면, 성실, 신뢰, 절재, 봉사, 인내, 예의, 화합, 정의, 용기, 우애, 책임, 존중, 인정, 용서, 관용, 사려, 공정, 자립, 양보, 희생, 극기, 의 리, 자조, 혁신, 진실, 친절, 자율, 자존감, 결의, 자애, 배려, 충직, 열 정, 지혜, 동정, 창의, 소신, 기지, 확신, 이해, 포용, 지속성, 도움, 끈 기, 유연성, 정돈 등이다. '나는 당신만의 오직 한 사랑'이 순결과 사 랑이다. 남녀가 순결한 삶을 살면서 서로 사랑하여 결혼에 골인한 부부의 첫날밤이 첫키스, 첫 관계가 축제의 환희이다. 결혼 이후에 도 많은 유혹을 이기며 순결한 참사랑을 유지관리이다. 자아인식은 순결한 삶을 스스로 선택하고 결정하고 책임지며 행복한 창조적 삶 이다. 순결한 리더십의 경쟁력 또한 본인의 책임자유의지로 결정

119) 세계평화통일가정연합, 『참부모경』 (서울: 성화출판주식회사, 2015),945.
120) 세계평화통일가정연합, 『참부모경』 (서울: 성화출판주식회사, 2015), 946.

행위로 결정한다. 존중과 신뢰 배려는 상호 인정과 기대, 배려, 신뢰 파트너십이다. 경쟁력은 존중받데 그 가치가 더한다.

나) 공동체

공동체 리더십은 자율적 리더십, 공동체의 일원으로 소속감으로 주인의식을 갖고 상하좌우 여러분들에게 자연스러운 리더십 이다. 안정감, 신뢰감, 전문성을 가지고 창조적 능력을 발휘한다.[121] 2016년 2월 20일 기원절 3주년기념 및 천지인참부모 천주축복식, 청심평화월드센타 2만 5천여 명, 경축오찬 천주청평수련원,[122] 참가정 리더십이란 하늘 부모님과 참사랑을 중심한 순결 축복결혼을 통한 창조이상가정이다. 참사랑은 하늘부모님의 뿌리, 의지와 힘의 상징, 영원히 동거, 우주, 하늘 부모님까지도 끌면 따라오는 사랑이다. 주류속성은 절대유일, 불변, 영원한 것, 참사랑을 실천궁행 할 때 하늘 부모님과 동거, 동락, 동참권, 상속권, 천국들어가는 절대조건은 위하는 삶이다.

3가정 축복결혼식 1960년 4월 16일 김원필-정달옥, 유효원-사길자, 김영휘-정대화 가정 전 본부 교회에서[123] 경축행사로 출발했다.

오늘날처럼 핵 가정을 중심한 1인 가족이 늘어나는 추세이며 동성연애 결혼을 합법화하는 마당에 그 심각성은 매우 크다. 가정의 붕괴는 인류의 멸망으로 간다. 핵폭탄보다 더 큰 죄악이다. 이러한 가정의 중요성은 어느 때보다도 시급하다. 구가의 대통령이나 종교지도자들도 업두도 못 내고 있는 실정이다. 이러한 가정문제를 내

---

121) 문상희, 『순결이 국가 경쟁력이다』 (서울: 행복한 에너지, 2017), 24.

122) 선학역사편찬위원, 『참부모님 실록』 (서울: 성화출판주식회사, 2017), 680.

123) 선학역사편찬위원, 『참부모님 실록』 (서울: 성화출판회사, 2017), 38.

다보고 참가정을 중심한 참사랑 공동체 천일국평화왕권이 하나님의 본연의 창조목적이다.

청소년의 마약문제, 성윤리문제, 담배흡연질병예방, 알콜중독, 우울증, 신경성 스트레스 괴질병 등 우리주변에서 보고도 방치해버리는 비통한 현실문재를 해결 할 수 있는 참가정 순결운동뿐이다. 메시아 구세주 참부모만이 해결한다.

다) 축복결혼

축복결혼은 동물적사랑, 일반적 사랑을 뛰어 넘어 하늘 부모님을 중심 아담, 해와가 창조본연 참사랑을 중심한 심정을 상속받아 참생명 참혈통을 이어 창조본연의 참가정을 회복하는 복귀섭리 재창조역사이다. 이상가정이란 참사랑을 중심한 창조본연의 참가정 하나님이 참부모가 되고, 참스승이 되고 참주인이 되는 자리에서 삼대상이상완성의 4위 기대를 조성 영원한 참사랑의 기본 틀이 천국건설기지이다.

(5) 영성 리더십
가) 영성 리더십

참된 결혼의 의미는 참부모님의 축복결혼을 통해 참사랑을 중심으로 참된 부부와 참된 부모, 참된 자녀, 참된 형제의 전통을 세워야한다고 말씀하셨다. 특히 참사랑에는 상속권, 동위권, 동참권이 있기 때문에 축복결혼을 함으로써 하나님과 참부모님의 참사랑 전통을 이어받아 이를 사회와 국가 세계로 확산시켜 나갈 때 비로써 천국이상이 실현 될 수 있다고 강조하셨다. [124]

---

124) 세계평화통일가정연합, 『참부모경』 (서울: 성화출판주식회사, 2015), 304.

축복의 앞서 원리수련과, 전도, 금식, 정성 등 기본적인 조건을 세워야 한다. 반드시 부모로부터 승낙을 받은 뒤 결정한다. 연애를 하는 것은 죄가 아니다. 그러나 보고하지 않고 하는 것은 인정 할 수 없다.

천일국 정착과 참부모님 전통상속 2013년 2월 22일 (천력 1월 13일) 청심평화월드센타에서 열린 '천지인참부모 천일국 즉위식'에서 천일국의 기원절이 선포됐다. 천일국은 천주평화통일국의 약칭이다. 하나님을 중심한 인류 한 가족의 이상이 실현된 지상 천상 천국을 뜻한다.[125]가정은 작은집이요 우주는 아주큰 집이다. 지구성의 작은 집 천상의 우주의 집 아주 큰집이 천주 하늘 천(天) 집주(宙) 천주는 하나님을 모시고 사는 큰집이다. 영연세 협회란 지상 천국과 천상천국을 통합시스템이 육계와 영계의 통합이다. 영연세 협회 주관으로 가정집, 마을 공동체 집, 나라 집, 세계 집, 우주 집, 천주 집 확대는 종적인 하늘부모님을 모시고 횡적인 실체로 현현하신 하늘부모님을 대신한 천지인참부모님을 모시는 참부모 종교이다. 천주복지차원에서 통합리더십, 마을공동체참사랑 리더십, 참부모님 리더십이다.

제4이스라엘 시대의 선포를 통해 참부모님은 축복가정 부모들에게 직계자녀를 축복시킬 수 있는 권한을 부여해주시는 '매칭'의 권한만이 주어져 있는 것이 현실이다.[126]

1960년 4월 16일 가정 축복 이후 개인 가정 후손까지 보고 축복결혼식을 해주셨다. 국적, 인종, 종교를 초월해서 축복결혼해주셨다.

---

125) 선학역사편찬원, 『참부모님 실록』 (서울: 성화출판주식회사, 2017), 635.
126) 황진수, 『2017 춘계 다문화평화 학술대회』 (충남: 충남교구 천안교회 2017.5.28.13:30), 12.

약혼식 성주식 탕감봉 행사는 타락의 과정을 상징적으로 탕감하는 복귀의식 이다. 약혼식은 아담 해와가 타락하기 이전 단계로 복귀 성주식은 원죄를 청산, 하나님의 혈통으로 전환하는 의식 탕감봉 행사는 하체를 통해 잘못 써서 타락한 것을 탕감하는 의식으로 신랑신부가 서로 탕감봉으로 둔부를 세 번씩 치게 된다.

성별기간과 40일과 삼일식은 축복결혼 후 40일 지난 후 성별 야곱부터 재림 때까지 4천년과 참아버님이 걸으신 40년 40수를 넘는 탕감기간이다. 삼일식을 통해 소생, 장성, 완성 3시대를 복귀 한다. 성주와 성건 외적 성결, 이틀간 여자 상위사랑, 사흘째는 신랑이 상위 사랑함으로써 본래 아들 위치 회복 주관성 복귀하게 된다.[127]

나) 영. 육계 소통

육계와 영계의 소통이다. 영통인 이나 지상의 소인을 만나고자 하면 바로 영상으로 보면서 대화를 나누고자하면 나오고 끝나면 서로 실체를 보고 듣고 체험하면서 육계와 영계가 언제나 열려있다. 나이가 많든 적든 신명나는 생활이므로 발광체가 자기를 비추고 자기스스로 정화정성 공덕만큼의 마일리지처럼 서로가 좋은 일 착한 일 주선하고 봉사 희생 위하는 삶의 연장이다. 천주가 열려서 천주 환경청과 협력 업무협조 요청으로 우주의 힘에 의하여 콜 하면 즉시 대청소의 시간으로 변화하여 자동세척 완료시엔 센서에 의해서 제어되는 것이다. 이것이 천주리더십이다. 천일국이란 하나님을 중심으로 두 사람이 하나 되고, 참사랑을 중심한 영계와 육계가 하나되어 천국이 영.육계 통합 일체형 천일국이다.

---

127) 세계평화통일가정연합, 『참부모경』 (서울: 성화출판주식회사, 2015), 320.

(6) 참부모 리더십 [128)

가) 참부모 리더십

2014년 2월 12일 천일국 헌법선포 청심평화월드센타 2만 여명 축복가정 참석,[129] 천주주관 바라기전에 자아주관 완성하라. 천주 주관 바라기 전에 자아 주관 완성은 개인, 가정 만물주관성 3대 축 복이상을 완성하는 바로미터이다. 바라나이다. 비나이나, 소원성취 는 자아주관이다. 석가, 공자, 예수, 마호메트 등 인류의 성인군자가 이것을 주관하기에 몸부림쳤다. 천주는 하늘 부모님을 모시는 시의 의 생활이다. 내가 어디로부터 왔는지를 확실히 알 때 부자지관계 가 확립되며 효정의 문화가 자리 잡는다. 효는 만행의 근본이며 만 복의 기본이며 성경에도 주안서 부모에게 효를 다면 지상에서 장수 한다는 것은 하늘부모와 같이 실체의 부모를 잘 모셔야 하늘부모도 잘 모실 수 있다.

나) 생활습관

참부모님의 생활은 먼저 먹는 물밥도 함부로 버리지 않고 철저 하게 절약하신다. 물 한목음도 흥남노무자 수용소에서 식수를 절약 해서 암모니아수로 피멍이든 몸을 닦고 사지에서 살아남는 작전을 펴셨다. 배급 밥을 먼저 다른 동료 죄수에게 반을 덜어주시고 남은 밥을 아주 귀하게 드셨다. 나중에 습관이 되어 아무리 배가고파도 더 이상 먹지 않아도 포만감이 있고 허기진 상태를 유지하면서 기 쁘게 부모를 대신한 자리, 스승을 대신 자리, 주인을 대신한 자리가 자신을 희생봉사는 습관이 우주의 힘을 받아서 더욱 상승하게 되는

---

128) 2017.3.28. 제58주년 참부모의 날 기념식 황선조 총장 증언 "참부모님은 빈틈이 없도록 자기 관리를 잘 하신다. 원고 확인하시고, 옷을 입으실 때에도 단추를 잠그시고, 장감 단추도 꼭 잠그신다."
129) 선학역사편찬위원, 『참부모님 실록』 (서울: 성화출판주식회사, 2017), 650.

천법이다.

다) 죄의 뿌리 청산

성욕 또한 우리 인간의 죄의 뿌리이다. 아담 해와가 에덴동산에서 루시엘 천사장이 영적으로 해와 성적관계를 갖고 타락 후 육적으로 아담을 해와가 꼬여서 육적성적 타락이 되었다. 이모든 천비를 깨닫고 성욕을 이기는 것은 천하를 주름잡는 주인의 자리에 재창조되는 교과목이다. 성인군자 모두가 이 성욕을 이기 못하면 탈락이다. 국가도 못 막고, 종교도 고민이다. 구세주 메시아 참부모님이 오시어 인류의 성 문제를 제일 먼저 해결해주셔서 감사드린다.

라) 자기관리

잠을 주관하는 일 또한 중요하다. 전쟁 중에 잠을 주관 못하면 언제 어디서 누가 자신의 목을 베어 갈지 모른다. 긴장과 초긴장 상태에서 잠을 주관해야 적군으로부터 아군을 보호하고 자신도 보호받을 수 있다.

재난에 살아남는 방법은 잠을 자지 않고 최후일각까지 현장에서 구제받는 길이다. 만약에 오는 잠을 참지 못하고 잔다면 그만 그 생명은 답보 받을 길이 없다 고로 24시간 하루를 밤을 낮으로 낮을 밤으로 건너뛰면서 살아간다면 보통 사람들의 삶을 배로 사는 격이다. 잠을 주관하고 강인한 의지로 하늘 부모님과 천지인참부모님의 섭리의 중심이 되어 산다면 하늘은 스스로 돕는 자를 돕는 것처럼 역사의 부모요, 스승이요 참주인 되는 삶이며 천주지도자의 리더십이다.

철저한 자기관리이다. 내일은 없다고 라고 산다면 오늘이 나의 최후 만찬이다. 결국 오늘이 없는 내일은 보장 받을 길이 없다. 미래는 오늘의 삶의 결과이다. 과거는 오늘과 미래가 융합하면서 만들어가는 저축이다.

석양격언에 '시간은 돈이다.'란 말이 있다. 나이는 숫자에 불가하다. 젊었다고 자랑하지 말고 또한 늙음을 슬퍼하지 말고 현재의 나를 찾는 미아가 되지 말고 확실한 나를 안내하여 나아가고자하는 목적지로 안내해라! "운명아 비켜라 나는 간다." 라고 시간과 나의 인생의 삶을 다시 태어나 나아가자.

(7) 참가정 리더십
가) 참가정 리더십

참부모님, 훈독회 제정, '훈독회(訓讀會)' 1997년 10월 13일 우루과이 빅토리아 플라자호텔 훈독회 휘호 하사,[130] 매일 새벽 5시 훈독회로 식구여러분과 소통과 간증 보고 설득으로 섭리를 주관하신다. 정주동산에 올라 외1편 -문선명 총재 송덕비 봉헌식장에서- 고종원 하늘이 구세주를 보내실 땅으로 일찍이 예정하신 고을 그래서 정주(定州)라 했던가![131] 신앙 간증, 보고기도, 원리 말씀 훈독, 노래나 찬송, 성가 시낭독과 기도문, 명상 등 밤을 새워 상대방의 말벗이 되고, 보고를 받으면 소통이이루어 진다. 부부간 자녀간 형제간 식구간 누구든지 소통의 리더십이다.

문학적인 시 감상과 노래는 마음의 문을 열고, 유머는 가까운 친구로 만든다. 언어유희 또한 중요하다 존경어와 상대방을 배려하는 마음이다.

---

130) 선학역사편찬원, 『참부모님 실록』 (서울: 성화출판주식회사, 2017), 428.
131) 소상호, 『심정문학』 (서울: 심정문학사, 2016), 134.

생육하고 번식하여 만물을 주관하라하신 창세기 1장 28절의 3대 축복을 하늘부모님은 우리 인간에게 축복해 주심에 참부모님을 통해서 첫째, 개인완성은 인격완성으로 하나님을 닮은 삶이다.

둘째, 가정 완성은 가정에 하나님을 모시고 참사랑의 궁전을 완성하여 하늘 부모님을 중심한 아담과 해와 자녀가 심정일체를 이루어 삼대상 목적을 완성하여 사위기대를 완전히 이루게 될 때에 하나님이 영원히 운행하시고 역사하시며 항상 기뻐하시고 감사하는 생활이 영속되는 참된 삶의 참사랑을 중심한 왕궁이다.

셋째, 주관성 완성은 하늘 부모님의 심정을 상속한 자리에서 만물 만상을 참사랑하고 창조이전의 참사랑을 공유하면서 하나님을 해방 석방 모든 영혼들을 해원 구원 중생 부활 축복 영생토록 천지인참부모님을 모시고 만물을 주관하여 하나님의 천일국에 참자녀로 기여하는 천운천복 상속인이다.

1960년 4월 11일 (음력 3,16) 참부모님 성혼식, 전본부교회, 참석권 분배 가약식 1차, 가약식 2차 행사, 성혼식 1차 탕감복귀 부모의식 서양식으로 거행, 성혼식 2차 영광의 부모의식 한국식으로 거행하였다.[132]

"1988년에 올림픽 대회를 중심삼고 장자권 복귀를 선포 했습니다. 장자권 복귀. 부모권 복귀, 그 다음에 왕권복귀를 선포했습니다. 천상세계.지상세계 왕권정착을 선포한 것입니다. 이제 할 것은 뭐냐? 세상 나라에는 주인이 없습니다. 세상 나라의 주인은 사탄입니다. 사탄의 핏줄을 중심삼은 악마가 주인입니다. 거짓부모를 중심삼고 거짓풍토가 된

132) 선학역사편찬위원, 『참부모님 실록』 (서울: 성화출판주식회사, 2017), 37.

것입니다. 여기에서 참부모 선포를 했습니다."[133]

나) 창조목적

하나님의 창조의 목적은 기쁨의 세계이다.

그러나 인간 아담 해와의 타락으로 하나님을 중심한 참사랑의 가정을 이루지 못하고 사탄을 중심 거짓가정으로 출발했다.

고로 참생명, 참혈통을 회복하고 하나님 심정권을 상속 받아야 함으로 참사랑을 중심한 이상세계를 회복하는 탕감복귀섭리이다.

재림주님이 다시 오시마고 약속한 목적은 독생녀를 맞이하여 어린양 잔치로 인류구원이 약속이 메시아 구세주 참부모로 오시어 지상.천상세계의 영육을 완전구원을 해야 한다.

실체 천일국을 완성하여 하나님을 해방 석방하고 인간의 원죄와 유전죄 연대죄 자범죄를 총체적으로 탕감복귀 하나님의 복귀섭리 책임 95프로 인간 책임분담 5프로 합 100프로 창조이상 합목적을 완성해야한다.

"참부모는 타락하지 않은 아담 해와입니다 하나님이 1대, 참부모는 2대, 인데 축복가정들을3대권내에접붙여준것입니다.돌감람나무에 참감람나무를 접붙였기 때문에 참감람나무가 되기 위해서는 자기가 많이 노력해야합니다. 참사랑과 참생명과 참핏줄의 순결성을 자기 자체에서 내적 외적으로 정비해야 할 책임이 무엇 보다도 급선무입니다. 참부모를 자기의 혈통적인 직계 부모로 느껴야 됩니다. 참부모 앞에 효도하고, 나라를 모시고, 하늘땅을 모시는 효자.충신.성인.성자의 도리를 다 할

133) 세계평화통일가정연합, 『천성경 증보판』 (서울: 성화출판주식회사, 2013),161-162.

수 있는 기준에서 완전히 하나 되어 있어야 됩니다."[134]

하늘 부모님과 심정일체권을 이루어야 만이 참부모를 통한 중생과 부활과 축복 결혼하여 영생으로 거듭난다.
참생명과 참핏줄, 순결성 정화정성으로 참부모와 신인애 일체 이상 천지인합덕 천지인 일체이다.

"참부모는 천지부모이고 하나님은 천주부모입니다. 지상의 천지부모는
1대입니다. 1대에 끝나는 것입니다."[135]

천지인 참부모님의 승리권을 상속받아서 천주부모님을 모시고 주체와대상이 수수작용에 의한 존재 작용 번식한다. 전유 전능 소속감으로 한 고리로 원형운동을 거듭한다.

"하늘 부모님의 심정을 알고 살아온 본인의 생애에는 한마디로 밤과 낮
을 잊고 계절과 환경을 뛰어 넘으며 오로지 뜻을 성사하기 위하여 전심
전력(全心全力)을 다해 왔습니다. 본인의 80년 생애를 뒤돌아 볼 때 그
동안 갖은 고초와 핍박에도 불구하고 이 자리에서 오늘 여러분과 함께
할 수 있게 된 것은 오로지 하늘 부모님이 도우셨기 때문입니다."(평화
경 234)[136]

(8) 참스승 리더십

---

134) 세계평화통일가정연합, 『천성경 증보판』 서울: 성화출판주식회사, 2013), 201-203
135) 세계평화통일가정연합, 『천성경 증보판』 (서울: 성화출판주식회사, 2013), 237.
136) 세계평화통일가정연합, 『평화경 증보판』 (서울: 성화출판주식회사, 2013), 234.

가) 참스승 리더십

평화(平和)의 길은 '소통'에서 시작된다.[137] 세계평화터널재단은 2005년 12월 24일 '피스킹인터내니셔널(PKI)'이라는 이름으로 창설돼 올해 창설 12주년을 맞고 있다. 재단은 창설이래 지구촌의 원활한 소통과 교류를 위해 한일터널과 베링터널, 한반도 중단철도연결 프로젝트 추진 등 다양한 사업을 펼쳐왔다. 이는 지구촌 단절 구간을 잇고 인류의 항구적 평화와 번영을 이루는 첩경이기 때문이다. '피스킹로드(peace king road)'라는 시르즈를 통해 재단의 12년간 발자취를 되돌아봄으로써 피스로드를 통한 '인류 한 가족'의 평화세계를 구현하는 데 한편, 평화를 위한 국민 참여의식을 북돋우고자 한다. 문선명 한학자 총재의 제안으로 일본 및 베링해협 터널 및 다리고속도로는 진행 중에 있다. 1981년 11월 10일 서울 세종문화회관, 이 자리엔 세계109개국 857명의 각 분야 석학들로 열기가 가득 찼다. '제10차 국제과학통일회의'에 참석차 왔는데, 당시 한국사회에서 큰 회의였다. '절대가치의 탐구와 새로운 세계의 창조'라는 주제였다. 전체회의 의장은 스웨덴 노벨수상자 몰튼 폰 오일러 박사였다. 부의장은 한국 학술원 원로 이병도 박사였다. '국제평화고속도로(일명 피스로드) 건설을 제창한 것이다. 문선명 총재는 '절대가치와 세로운 세계의 창조'라는 주제의 기조연설에서 새로운 지구촌 문명공동체 구상을 한.일 해저터널 공사를 제안했다.' 세계와 인류'라는 차원에서 '인터내셔널 하이웨이(international highway)'의 건설을 제안 했다. '아사권 대(大)평화고속도로'를 건설하는 것이다. '국제평화고속도로권"을 말하는 것이다. 2005년 9월 12일 미국뉴욕 링컨센타에서 천주평화연합(UPF) 창설대회에서 '베링해협

---

137) PEACE ROAD, (서울: www.peaceroad.com vol.38 2017.6),11.

프로젝트'를 발표했다. 세계 초고속도로를 연결해줄 '세계평화의 왕 교량 터널(WORLD PEACE KING BRIDGE. TUNNEL)'를 완성하고 세계를 일일생활권으로 만드는 것이다. 주식회사 일신 이용훈 회장이 2008년 1월 17일 건설교통부로부터 인가를 받아 재단법인 '평화통일재단' 후에(세계평화터널재단으로 명칭이 바뀜)창설되어 이른다.

식구와 사업상담, 심리상담, 진로 취업 상담은 오로지 대화이다. 1;1 원리 교육은 자신의 마음공부와 융합을 위한 초창기 참부모님의 선교 및 전도 사역의 가정교회 역사의 산 기록의 사례이다.

약혼 및 축복결혼 개인 상담 및 간증 사업 계획 보고 선교사파견 모든 것이 나만의 준비된 하늘의 소명과 책임이 있다. 그 고비를 잘 넘고 하늘 앞에 감사하면서 기쁨의 신학으로 일관하면 예수님의 제자들처럼 소망과 희망의 비전으로 지치지 않겠다. 꿈이나, 환상, 방언 계시가 내게 필요한 것도 상대방에게 미리 보여주고 가르쳐 준다

미국은 레이건 대통령 당선을 예견하여 압도적 승리 당선 후 와싱턴을 통한 우주방어전략(SDI)성사로 문선명 총재는 "역사에 있어 마지막 싸움을 위해워싱턴 타임스를 창간했다."라고 말씀하신 결과 미국 의해가 승인케 만들었다.

러시아 핵실험 및 핵도발시 사전 방어 하는 시스템 핵우산화로 고르바초프와 평화협정조약에 기여했다.

워싱턴 타임스 창간 제 10주년 레이건 대통령의 축하 메시지는 다음과 같다.

"미국 시민들은 이 진리를 알고 있고, 이 진리를 전해준 이는 바로워싱

턴타임스입니다."라고 로널드레이건 대통령의 축하 메시지이다.

개방개혁 정책을 지지한 러시아 모스크바 세계 언론인 대회와 정상회의를 통해 개혁정책 지지 1990월4월 11일 모스크바 크레물린궁에서 첫째, 경제 협력 논의 둘째, 레닌 동상 철거 종교자유 확대 셋째, 한.소 수교요청 넷째, 대학생 교육과 종교 활동 자유보장이 행으로, 청년대학생 교수 승공교육을 주선 3,000명이상 미국해외 연수 후 귀국한 대학생들이 1991년 8월 18일 공산체제 회귀를 위한 쿠테타 탱크 앞에서 인간 사슬 탱크진입 저항에 성공 지원하였다.

1991년 11월 30일 김일성 주석이 보낸 특별기편으로 문선명 한 학자 총재 와 그 일행이 평양에 도착 윤달현 당 간부들에게 면담 시 김일성 주체사상가지고는 어렵고 참사랑 두익사상만이 평화통일을 이룰 수 있다고 강조하고 김일성 주석 면담 후 기념 촬영시 손을 붙잡았고 포옹하였다. 윤달현 부총리와 남북 민간 교류차원에서 10개 항목에 서명 교환하여 이산가족 상봉교류와 금강산 개발 왕래, 핵 사찰을 받도록 권유하고 산업 개발을 위해 서명 조인했다.

카우사아올라 1980년 10월 남북미 대륙의 통일과 협력을 통한 세계평화실현을 위해 전 현직 국가수반을 중심으로 남북미통일연합(CAUSA)이 창설되었다. 미국 예비역 장성과 목사, 국회의원 등을 중심으로 실시되었다. 공산주의 위협성을 미리 알리고 미국인의 각성을 촉구하는 이 교육은 카우사 1천만 회원 모집 운동과 함께 전개되었다. 그 당시 미국의 지식인 언론인들에게 유행하던 좌경화운동과 맞물려 자유세계 전체를 위협하고 있었다. 참부모님은 이 문제를 심각하게 보시고 혼신을 다해 승공사상 운동을 지도하신 것이다. 그런 노력의 결과로 공산세력 확산이 저지되고 쇠퇴하게 되었다. 남미 지도자들 대상으로 통일사상 교육을 실시하여 큰 성과를 거두고, 1983년 중남미 국가들이 참여하는 중남미통일연합(AULA)를 결성하였다.[138]

미국에서는 공군 육군 해군의 상이군인, 장성급 이상은 이미 우리카우사 받고 있습니다. 대장으로부터 누구누구 할 것 없이 유명한 사람은 모두 카우사 교육을 받고 있습니다. 거기에다 미국재향군인 전체 조직의 장까지 연결시키는 운동을 촉진하고 있는 실정입니다. 그리고 중남미통일연합(AULA), 아올라 라는 기구를 창설하였습니다. 지금까지 미국의 권위 있는 장성들은 중남미를 지도해 왔지만 중남미를 위하는 장성들은 없었었습니다. 이제부터는 중남미를 위 할 수 있는 미국의 사성장군 출신들을 31개국에 파송할 것입니다. 아버님이 월급을 줘서라도 파송 할 것입니다.

공산주의 게릴라를 박멸하기 위해서 31개국을 연합하여 게릴라 훈련과 더불어 정보책임자들을 교육해서 초중남미적 군대 편성을 해야 됩니다. 그렇지 않고는 중남미가 살 수 없다고 보는 것입니다. 이미 아룰라 조직이 편성돼 나왔기 때문에 그것만 되는 날에는 경제문제는 이 연합기구를 통해서 자동적으로 해결 됩니다. 공산주의를 북미 기준에서 방어하지 않고는 세계를 적화 위기에서 구할 수 없다고 보기 때문입니다. 그러면서 유럽연합기구와 아시아연합기구를 편성하지 않으면 안 됩니다. 이렇게 공산당이 있을 때가 세계적 기구를 편성 할 수 있는 절호의 기회라고 보는 것입니다.

이처럼 아버님은 남들이 꿈도 꾸지 않는 일을 지금까지 해 왔습니다.[139]

---

138) 세계평화통일가정연합, 『참부모경』 (서울: 성화출판주식회사, 2015), 896.

139) 세계평화통일가정연합, 『참부모경』 (서울: 성화출판주식회사, 2015), 901.

나) 국민종교 교육

"우리는 2020 하늘의 축복 받는 이 민족 이 나라가 되게 하기 위해서 최선의 노력을 다한다. 기필코 하나님의 조국으로서 세계를 품는 오늘의 우리들이 될 것을 맹세한다. 맹세 한다. 맹세한다. 새로운 경유년 닭의 해를 맞아 한국협회를 중심 삼고 원로, 평화대사, 국가메시아, 축복가정들이 국가복귀의 원대한 목표를 놓고 하나 되어서 총진군해야합니다."[140]

신종족메시아 사명에 대한 끊임없는 자각과 동기부여는 "오늘 세계는 인륜도덕이 걷잡을 수 없을 정도로 무너져 가고 있습니다. 부모와 자식 사이에 천륜이 바닥을 치고, 부부간의 정절은 이미 구세대의 산물로 버림을 받고 있으며 형제간의 우애도 이제는 이기적 개인주의 늪에서 묻혀 찾아보기 힘든 세상이 되어가고 있습니다."[141]

참부모경 제 5편 섭리기반확대와 연두표어 제2장 7년 노정설정과 대외적 기반확대 제5절 가정교회 통.반 중심 활동의 가정교회와 종족메시아 활동의 말씀. 참부모님께서는 1978년 3월 15일 미국 주 책임자 회의에서 가정교회 활동을 강조하시고, 4월 1일부터는 3만 명 식구 확보를 목표로 <원리강론>과 원리강의 커셋트. 비디오테이프를 나누어 주는 등 본격적인 활동을 하라고 강조하셨다. 그리고 1978년 9월 25일 귀국해서 '타락한 인간이 복귀 할 수 있는 탕감조건이 360가정 가정교회다.'라고 말씀하시면서 전식구들에게 10월

---

140) 한학자 참어머님, 천일국 4년 천력 12월 6일 (양,2017.1.3). 2017 천일국 지도자 신년 특별집회
141) 세계평화가정연합, 『평화경』 (서울: 성화출판주식회사, 2013), 1138.

1일부터 가정교회 활동을 할 것을 지시했다. 18세 이상 식구는 전원 참여하되 축복가정은 가정당 그 외는 개인당 360가정 복귀를 위해 활동한다는 원칙이었다. 이로써 종족 메시아가 되고 참부모님께서 세계적으로 이룩하신 승리기반을 이어받을 것을 당부하셨다. 또한 1979년 '가정교회를 통한 천국완성', 1980년 '가정교회는 천국기지', 1981년 '가정교회는 나의 천국' 등 연두표어를 통해서도 이를 강조하셨다.(P.479)[142]

가정교회는 사랑의 실천장, 참부모님께서는 360가정은 세계적 탕감기반을 접붙여 세계를 대표한 하나의 중심 형이며, 여기에서 승리하면 자기종족의 세계적 종족 권에 등장해 같은 가치의 자리에서 탕감하게 된다고 말씀하셨다. 그리고 360 가정에 나를 사랑해 줄 수 있는 사람이 없다고 생각하지 말고 내가 사랑해 주지 못한 것을 한스럽게 생각하라고 강조하셨다. 사랑 못해준 것을 탄식하는 하나님과 같은 마음으로 360가정에서 막힌 것이 어디에도 없다고 할 수 있는 승리자가 되어야 한다고 당부하셨다.

360가정은 모든 사람을 자기 형제나 부모보다도 더 사랑해하게 하는 수련장이며, 어떤 사람이든 다 사랑 할 수 있게 될 때 완전한 주체가 된다고 밝히셨다.(p.485)[143]

통반 중심의 활동, 참부모님께서는 1988년 1월 1일부터 남부통일과 남북총선거에 대비해 본격적으로 통반격파운동을 전개할 것을 지시하셨다. 그래서 사회조직의 근간인 통.반 지부장 교육을 대대적으로 실시하였다. 그리고 가정교회 활동성화를 위해서도 통.반 중심의 활동을 전개해야 된다고 강조하셨다. 가정교회 활동의 기반

---

142) 세계평화통일가정연합, 『참부모경』 (서울: 참부모님말씀편찬위원회, 성화출판주식회사, 2015), 479.
143) 세계평화통일가정연합, 『참부모경』 (서울: 참부모님말씀편찬위원회, 성화출판주식회사, 2015), 485.

이 통.반 조직이기 때문에 거기에서 사방으로 가정 전체를 일원화 해서 소화하기위한 운동이 통.반 중심의 활동이며, 이러한 활동을 통해 전 국민의 신앙화기 이루어지지 않는다면 이 나라를 살릴 수 없다고 말씀하셨다.(p. 487)[144]

임파워먼트 리더십이란 천지창조의 3대 축복을 해주신 하늘 부모님과 부자지관계를 회복 할 때에 서로가 보편적 가치를 부여 받아 저마다의 개성과 소질에 맞게 맡은 바의 책임을 다하는 것이다.

참부모님의 리더십 가운데 권한대행은 국가메시아들에게 국가를 선교사로 파견하시고 그책임과 사명을 다 할 때에 분봉왕을 책봉하셨다. 로마의 분봉왕은 로마가 파견한 왕의 분 왕이다. 모든 권한을 분봉왕이 권한을 분배 받아서 치리한다. 국가메시아는 참부모 대신자, 참부모님께서는 1996년 1월1일 미국세계본부에서 거행된 하나님의 날 기념식에서 거행된 하나님의 날 33년 근속 공직자들과 21년 근속 해외 선교사들에게 시상하시고 청평40일 수련을 거칠 것을 지시하셨다. 그후 교육을 마친 이들을 국가메시아로 임명하셨다. 국가메시아는 참부모의 분신이 되어 국가복귀의 사명을 수행할 것을 당부하셨다. 국가메시아는 참부모님께서 피와 땀과 눈물로써 찾으신 심정과 말씀, 혈통전환이라는 복된 소식을 전해야 된다고 말씀하셨다.[145]

국가메시아시대가 지나가게 되면 무슨 시대가 오느냐? 국가메시아들이 책임을 완수하게 된다면 지상천국시대가 도래한다는 것입니다.

2008년 4월 13일 처음으로 국가메시아 중에서 일부를 분봉 왕

---

144) 세계평화통일가정연합, 『참부모경』 (서울: 참부모님말씀편찬위원회, 성화출판주식회사, 2015), 487.
145) 세계평화통일가정연합, 『참부모경』 참부모님말씀편찬위원회, (서울: 성화출판주식회사, 2015), 919.

으로 임명하셨다. 참부모님은 세계각지로 파송되는 분봉 왕들에게 신천지, 즉 천일국을 완성하기 위한 역할을 당부하셨다. 분봉왕은 예수님시대에 이스라엘을 통치했던 로마의 지역 총독을 일컫는다. 만일 예수님이 십자가에 달려 돌아가시지 않았더라면 당시 강성했던 로마를 통해 세계전역 분봉 왕들을 파견함으로써 해방.석방의 평화왕국, 즉 천일국이 이미 이루졌을 것이라며 분봉 왕들은 각 나라의 최고지도자를 교육하고 뜻 앞에 세워야 할 사명이 있음을 강조하셨다.[146]

종족메시아 또한 메시아, 구세주, 재림메시아, 참부모의 사명을 제1, 제2, 제3의 수순에 따라서 그 책임과 사명을 다할 때 종족의 메시아 사명을 부여하는 귀한 권한의 대 축복 권한 이행이다.

2001년 7월 3일부터 12일까지 한국 주요 12개 도시에서 열린 하나님조국정착대회 이후 세계평화운동의 기수로서 평화대사가 임명되었다.

유엔평화군성전추모연합회 평화군 평화경찰 2004년 12월 13일 미국 DC에서 한국전쟁에 참전해 세계평화와 자유의 대의를 위해 생명을 바친 유엔군 장병들을 기리고 그 희생의 가치를 널리 알리기 위해 유엔평화군성전추모연합회를 창설하셨다. 2006년 6월 12일 천주평화연합 평화군.평화경찰 출정식을 주재하셨다.

이와 같이 각 나라의 지도층 인사들이 각 나라 다양한 계층으로 세계구석구석에 참부모님의 심정을 연결 짓는 실핏줄과 같은 사명을 수행한다. 절대성 순결운동과 참가정 운동 및 천성경 967쪽 에덴동산에서 해와 가인 아벨이 하나 되지 못한 것을 탕감해서 이 씨를 심는 것입니다.이러한 환경이 가정에 있어야 되는데 그것이 어

---

146) 세계평화통일가정연합, 『참부모경』 (서울: 성화출판주식회사, 2015), 926.

머니요 형제자매입니다. 그곳이 타락하지 않은 본연의 아담 해와의 이상적인 참사랑과 참생명이 출발한 곳입니다.

제비뽑기는 요나가 전도 파견을 권유받고도 가지 않고 장사 차 배 타고 가다가 풍랑을 맞나 제비를 뽑고 배위에서 바다로 뛰어 내 리는 사례이다. 죽든 살든 공평하게 자기가 뽑은 제비는 누구를 원 망 할 수 없다. 하지만 다행히 고래가 통째로 삼켜서 3일간의 고통 으로 간신이 바닷가로 나와 회개하고 임지에서 파견약속을 지키어 열심히 선교한 결과 많은 결실을 맺게 된 전도기행이다.

인사이동이나 임지 배치 경품추첨 생일 홀수 짝수 자 노래 및 특 별 보너스 등 우리 이웃에게 하나님이 함께하심을 체휼케 하셨다.

(9) 서번트 리더십
가) 서번트 리더십

기독교초교파운동본부 제1회 교리공청회, 서울 신문회관 대강 당에서[147] 시작한 초교파, 종교통합운동이 지속되고 있다. 종교신문 발행으로 종교인간의 대화 방문교류로 교리와 문화 역사를 공부하 며 세계인이 참여하는 종교청년연합도 축구 및 배구, 베드민턴 등 도 종교간 종파간 화합을 위한 종교통합운동을 주관하고 있다. 초 교파운동으로 한국종교인협회를 주관하며 통합운동에 적극참여하 고 있다. 사단법인교수아카데미, 정상회의, 원리훈독책자 보급하는 통일당, 통일사상연구원, 기타 출판 분야에 지원하고 있다. 영문 본 향인, 일어본향인, 전남 평화통일참가정지 발행 등 지방으로 확산 보급하고 있다.

---

147) 선학역사편찬위원, 『참부모님 실록』 (서울: 성화출판주식회사, 2017), 63.

나) 우간다 식구와 봉사

아프리가 우간다를 제비 뽑아서 왕복 항공권 준비해서 24시간 걸려서 출발 도착 하고 선교와 봉사활동을 마치고, 비행시간만 24시간 탐승에 귀국 했다. 제비뽑아 아프리카 우간다에 가서 선교했지만 국회의원 상담, 수도 시청 위생국장과 투자 상담, 대학생 2명 학국어 학원비 원리교육 수련회비 지원 및 취약지구 한국 상품을 전달했고, 우간다의 선교는 일생의 큰 보람으로 생각한다.

다) 기독목사 선교지원과 원리 세미나

1990년9월 14일 초교파, 전국 기성교회 서남동교수의 논문 '원리강론의 비판적 연구' 2만 1천 여개교회[148]에 보냈다.

초종교초교파를 초월한 세계언론인대회, 세계의원연합, 세계정상인연합, 세계성직자연합, 피스로드, 세계기후환경평화상, 효정글로벌인재장학재단, 세계종교지도자유엔연합, 세계평화여성연합, 세계평화청년연합, 세계평화여성포럼 등으로 활동하고 있다.

"나의 집은 뭇 백성이 모여 기도하는 집이라 불리리라!"[149]

문선명 선생의 말씀선집을 통해서 취지와 목적을 요약하고자 한다.

"본인이 알고 있는 신은 종파주의가 아닙니다. 지엽적인 교리이론에 얽매이는 신이 아니십니다. 우리들은 교의 문자나 의식조건에 융통성

---

148) 선학역사편찬위원, 『참부모님 실록』(서울: 성화출판주식회사, 2017), 308.
149) 문선명, 『세계경전2』(서울: 천주연합 (페라곤 하우스 출판), 2009), 413.

없이 얽매이는 신학적 갈등으로부터 빨리 벗어나서 신과 산 교재를 가져야합니다. 신도들의 믿음이 생동하고 각자의 영혼이 신과 교통하는 순수한 종교 풍토의 조성이 시급하다고 봅니다."(말씀선집 135-221. 1985.11.16.)[150]

세계평화통일가정연합이 현대 종교사에서 가지는 종교 통합적인 위상이 그 적법성과 전통성을 한국종교의 다원적 종교사상인 유, 불, 선, 서 4대 종교의 지도와 리더십과 함께 논구하는 것은 종교지도자들이 가질 수 있는 지도력이다. 한국의 사상인 대종교의 천지인 홍익사상, 유불선 삼교통합의 풍류도적 맥락을 통합한 동학의 유, 불, 선, 서 사상을 이어 받은 사상을 증산의 해원상생 사상을 토착화된 한국적 예수교의 종교적 리더십을 밝히면서 한국의 다종교의 종교적 리더십이 본질로 해야 할 미래상임을 자각하게 할 것이다.

증산 사상이 발견한 역사철학의 원리, 종교통합의 원리, 무교적 영성의 원리, 남조선 사상의 원리이며 한국적 토착 예수교가 한국의 원형사상과 만나 원초적 희망의 원리, 섭리사관의 원리, 영지주의원리, 풍류 신학적 해석학의 원리들이다. 세계평화통일가정연합이 모든 종교의 통합적 이론을 공유하고 문선명 총재, 한학자 총재의 종교통합운동의 큰 틀이 되며 초교파리더십이 된다.

"천주평화연합 창설은 2000년 8월 18일 미국 뉴욕유엔본부에서 열린 세계평화초종교초구가연합(IIFWP)총회에서 참부모님께서는 세계평화 구현을 위해 유엔을 상하 양원의원으로 재구성하고 한반도 군사분계선

150) 세계평화통일가정연합, 『말씀선집 135권』 (서울: 성화출판주식회사, 1985), 221.

을 포함한 세계의 모든 국경 지대를 평화지구로 지정 할 것을 제안 하셨다. 2005년 9월 12일 유엔을 대체할 새로운 평화기구로 천주평화연합(UPF)을 창설하셨다."[151]

현 유엔 체제는 국가의 경제이윤을 앞세우고 자국의 이익만을 추구하다보니 상대국가의 배려나 평화세계를 구현하는 진정성을 잃게 된다. 세계평화정상회와 세계평화연합이 1987년5월 31일부터 6월 4일까지 20명의 전직 국가수반이 모인가운데 서울 롯데호텔에서 제1차 세계평화정상회의가 개최되었다. 세계평화연합의 중심에는 전 현직 구가원수들과 세계 저명인사들의 회의와 토론의 장인 세계평회정상회의가 있다.[152]

세계정상의 4대강국인 일본, 미국, 중국, 러시아 4대국 전 현직 정상들이 사인하여 참부모님의 제안대로 서로 경제무역 및 지구 환경문제, 공산주의 종교분열, 청소년 윤리 문제제반을 서로 협력하여 대처해 세계평화구현에 앞장설 기구가 세계평화정상회의기구이며 종교평화연합이다.

(10) 참주관 리더십
가) 참주관 리더십

2014년 1월 2일 세계평화통일가정연합 본부 시무식, 청평 본향원, 협회임직원과 전국교구장 100여명[153] 참주인 리더십이란 참된 주인이 되어야하는 사상이며 창조는 절대신앙, 절대사랑, 절대복종

---

151) 세계평화통일가정연합, 『참부모경』 (서울: 성화출판주식회사, 2015), 038.
152) 세계평화통일가정연합, 『참부모경』 (서울: 성화출판주식회사, 2015), 934.
153) 선학역사편찬위원, 『참부모님 실록』 (서울: 성화출판주식회사, 2017), 648.

의 기준에서 달성하신 완전투입의 결실이며 참주인이 되는 전제 조건도 참부모의 심정을 소유하는 것이다. 부모의 심정으로 모든 직원들을 사랑하고 모든 지원들을 사랑하고, 백성을 사랑하고, 백성과 함께 동거동락 할 수 있는 대통령이라야 그 나라의 참된 주인이 된다.

나) 기관 기업 단체

1959년 5월 20일 예화산탄공기총제작소 설립, 내무부장관 총포업 허가 취득, 통일기계제작소 신축 낙성식 1966년 4월 15일, 경기도 구리시 수택리[154] 505에서 선반 기계 및 산탄 자동차 부품사업으로 이어졌다. 다음은 천정궁 박물관, 주식회사 일화, 주식회사 용평리조트, 주식회사 일상리조트, 일신석재주식회사, 선원건설주식회사, 세계일보, 워싱턴타임스, 디 오션리조트, 디 오션 골프장, TIC, 신정특장차(주), 세일여행사, 주)JC, 신한국세계평화통일가정연합, 신통일한국국민연합, 효정글로벌유지재단, 세계기독교통일신령협회유지재단, 참사랑TV인터넷방송국, 주간종교신문, 거문도 천정궁, 여수해양박물관평생교육, 천정궁, 효정청심평화월드센다, 효정국제청심병원, 효정천원수련원, 미국 뉴욕커호텔, 여수청해리조트프로젝트, 주식회사 성화출판사, 선학역사편찬위원회, 효정유지재단, hj신학대학원대학교, HJ청소년연수원, 청심국제중고등학교, 청심유치원, 청심실버타운, HJ글로벌유지재단, 아벨유엔, 평화유엔, 여성유엔, 청년유엔, 학생유엔, 종교유엔, 참부모유엔 등이다.

나) 위하는 삶

참부모님께서는 세계평화가 자국의 이익만을 대변하는 기존유

---

154) 선학역사편찬위원, 『참부모님 실록』 (서울: 성화출판주식회사, 2017), 59.

엔으로는 불가능하다고 보시고 초종교지도자들이 중심이 된 상원을 두는 것으로 유엔을 개편해야 된다고 밝히셨다.

기존의 가인권 유엔을 보완하는 차원에서 아벨유엔 창설을 제창하셨다. 그리고 2007년 9월23일 미국뉴욕의 맨하턴 센터에서 전직 국가수반 등 회원국 대표 1천 200여 명이 참석한 가운데 아벨유엔 창설대회를 개최하셨다. 참부모님께서는 가인유엔에 대비되는 아벨유엔으로 여성유엔, 청년유엔, 학생유엔, 종교유엔 등을 제시하셨다. 특히 참부모의 심정을 가지고 참부모유엔을 만들어서 인류를 품을 때 지구촌 한 가족 이상이 구현될 것으로 보셨다. 그리고 2012년 7월 16일 경기도 가평군 설악면 효정평화월드센타에서 아벨여성유엔을 창설하셨다.[155]

(11) 임파워먼트 리더십
가) 임파워먼트 리더십

"우리는 2020 하늘의 축복 받는 이 민족 이 나라가 되게 위해서 최선의 노력을 다한다. 기필코 하나님의 조국으로서 세계를 품는 오늘의 우리들이 될 것을 맹세한다. 맹세한다. 맹세한다. 새로운 경유년 닭의 해를 맞아 한국협회를 중심 삼고 원로, 평화대사, 국가메시아, 축복가정들이 국가복귀의 원대한 목표를 놓고 하나 되어서 총진군해야합니다."[156] 신종족메시아 사명에 대한 끊임없는 자각과 동기부여는 "오늘 세계는 인류도덕이 걷잡을 수 없을 정도로 무너져 가고 있습니다. 부모와 자식사이에 천륜이 바닥을 치고, 부부간의 정절은 이미 구세대의 산물로 버림

---

155) 세계평화가정연합, 『참부모경』 (서울: 성화출판주식회사, 2015), 919.
156) 한학자 참어머님, 천일국 4년 천력 12월 6일 (양,2017.1.3). 2017 천일국 지도자 신년 특별집회

을 받고 있으며 형제간의 우애도 이제는 이기적 개인주의 늪에서 묻혀 찾아보기 힘든 세상이 되어가고 있습니다."[157]

참부모경 제 5편 섭리기반확대와 연두표어 제2장 7년 노정설정과 대외적 기반확대 제5절 가정교회 통.반 중심 활동의 가정교회와 종족메시아 활동의 말씀. 참부모님께서는 1978년 3월 15일 미국 주책임자 회의에서 가정교회 활동을 강조하시고, 4월 1일부터는 3만명 식구 확보를 목표로 <원리강론>과 원리강의 커셋트. 비디오페이프를 나누어 주는 등 본격적인 활동을 하라고 강조하셨다. 그리고 1978년 9월 25일 귀국해서 '타락한 인간이 복귀 할 수 있는 탕감조건이 430가정 가정교회다.'라고 말씀하시면서 전식구들에게 10월 1일부터 가정교회 활동을 할 것을 지시했다. 18세 이상 식구는 전원 참여하되 축복가정은 가정당 그 외는 개인당 430가정 복귀를 위해 활동한다는 원칙이었다. 이로써 종족 메시아가 되고 참부모님께서 세계적으로 이룩하신 승리기반을 이어받을 것을 당부하셨다. 또한 1979년 '가정교회를 통한 천국완성', 1980년 '가정교회는 천국기지, 1981년 '가정교회는 나의 천국' 등 연두표어를 통해서도 이를 강조하셨다.(P.479)[158]

가정교회는 사랑의 실천장, 참부모님께서는 430가정은 세계적 탕감기반을 접붙여 세계를 대표한 하나의 중심 형이며, 여기에서 승리하면 자기종족의 세계적 종족 권에 등장해 같은 가치의 자리에서 탕감하게 된다고 말씀하셨다. 그리고 430 가정에 나를 사랑해 줄 수 있는 사람이 없다고 생각하지 말고 내가 사랑해 주지 못한

157) 세계평화가정연합, 『평화경』 (서울: 성화출판주식회사, 2013), 1138.
158) 세계평화통일가정연합, 『참부모경』 (서울: 참부모님말씀편찬위원회, 성화출판주식회사, 2015), 479.

것을 한스럽게 생각하라고 강조하셨다. 사랑 못해준 것을 탄식하는 하나님과 같은 마음으로 430가정에서 막힌 것이 어디에도 없다고 할 수 있는 승리자가 되어야 한다고 당부하셨다.

430가정은 모든 사람을 자기 형제나 부모보다도 더 사랑해하게 하는 수련장이며, 어떤 사람이든 다 사랑 할 수 있게 될 때 완전한 주체가 된다고 밝히셨다.(p.485)[159]

통반 중심의 활동, 참부모님께서는 1988년 1월 1일부터 남북통일과 남북총선거에 대비해 본격적으로 통반격파운동을 전개할 것을 지시하셨다. 그래서 사회조직의 근간인 통.반 지부장 교육을 대대적으로 실시하였다. 그리고 가정교회 활동성화를 위해서도 통.반 중심의 활동을 전개해야 된다고 강조하셨다. 가정교회 활동의 기반이 통.반 조직이기 때문에 거기에서 사방으로 가정 전체를 일원화해서 소화하기 위한 운동이 통.반 중심의 활동이며, 이러한 활동을 통해 전 국민의 신앙화기 이루어지지 않는다면 이 나라를 살릴 수 없다고 말씀하셨다.(p. 487)[160]

임파워먼트 리더십이란 천지창조의 3대 축복을 해주신 하늘 부모님과 부자지관계를 회복 할 때에 서로가 보편적 가치를 부여 받아 저마다의 개성과 소질에 맞게 맡은 바의 책임을 다하는 것이다.

참부모님의 리더십 가운데 권한대행은 국가메시아들에게 국가를 선교사로 파견하시고 그책임과 사명을 다 할 때에 분봉왕을 책봉하셨다. 로마의 분봉왕은 로마가 파견한 왕의 분 왕이다. 모든 권한을 분봉왕이 권한을 분배 받아서 치리한다. 국가메시아는 참부모 대신자, 참부모님께서는 1996년 1월1일 미국세계본부에서 거행된

159) 세계평화통일가정연합, 『참부모경』 (서울: 침부모님말씀편찬위원회, 성화출판주식회사, 2015), 485.
160) 세계평화통일가정연합, 『참부모경』 (서울: 참부모님말씀편찬위원회, 성화출판주식회사, 2015), 487.

하나님의 날 기념식에서 거행된 하나님의 날 33년 근속 공직자들과 21년 근속 해외 선교사들에게 시상하시고 청평40일 수련을 거칠 것을 지시하셨다. 그후 교육을 마친 이들을 국가메시아로 임명하셨다. 국가메시아는 참부모의 분신이 되어 국가복귀의 사명을 수행할 것을 당부하셨다. 국가메시아는 참부모님께서 피와 땀과 눈물로써 찾으신 심정과 말씀, 혈통전환이라는 복된 소식을 전해야 된다고 말씀하셨다.[161]

국가메시아시대가 지나가게 되면 무슨 시대가 오느냐? 국가메시아들이 책임을 완수하게 된다면 지상천국시대가 도래한다는 것입니다.

2008년 4월 13일 처음으로 국가메시아 중에서 일부를 분봉 왕으로 임명하셨다. 참부모님은 세계각지로 파송되는 분봉 왕들에게 신천지, 즉 천일국을 완성하기위한 역할을 당부하셨다. 분봉왕은 예수님시대에 이스라엘을 통치했던 로마의 지역 총독을 일컫는다. 만일 예수님이 십자가에 달려 돌아가시지 않았더라면 당시 강성했던 로마를 통해 세계전역 분봉 왕들을 파견함으로써 해방.석방의 평화왕국, 즉 천일국이 이미 이루어졌을 것이라며 분봉 왕들은 각 나라의 최고지도자를 교육하고 뜻 앞에 세워야 할 사명이 있음을 강조하셨다.[162]

종족메시아 또한 메시아, 구세주, 재림메시아, 참부모의 사명을 제1, 제2, 제3의 수순에 따라서 그 책임과 사명을 다할 때 종족의 메시아 사명을 부여하는 귀한 권한의 대 축복 권한 이행이다.

2001년 7월 3일부터 12일까지 한국 주요 12개 도시에서 열린

161) 세계평화통일가정연합, 『참부모경』 참부모님말씀편찬위원회, (서울: 성화출판주식회사, 2015), 919.
162) 세계평화통일가정연합, 『참부모경』 (서울: 성화출판주식회사, 2015), 926.

하나님조국정착대회 이후 세계평화운동의 기수로서 평화대사가 임명되었다.

유엔평화군성전추모연합회 평화군 평화경찰 2004년 12월 13일 미국 DC에서 한국전쟁에 참전해 세계평화와 자유의 대의를 위해 생명을 바친 유엔군 장병들을 기리고 그 희생의 가치를 널리 알리기 위해 유엔평화군성전추모연합회를 창설하셨다. 2006년 6월 12일 천주평화연합 평화군.평화경찰 출정식을 주재하셨다.

이와 같이 각 나라의 지도층 인사들이 각 나라 다양한 계층으로 세계구석구석에 참부모님의 심정을 연결 짓는 실핏줄과 같은 사명을 수행한다. 절대성 순결운동과 참가정 운동 및 천성경 967쪽 에덴동산에서 해와 가인 아벨이 하나 되지 못한 것을 탕감해서 이 씨를 심는 것입니다. 이러한 환경이 가정에 있어야 되는데 그것이 어머니요 형제자매입니다. 그곳이 타락하지 않은 본연의 아담 해와의 이상적인 참사랑과 참생명이 출발한 곳입니다.

제비뽑기는 요나가 전도 파견을 권유받고도 가지 않고 장사 차 배 타고 가다가 풍랑을 맞나 제비를 뽑고 배위에서 바다로 뛰어 내리는 사례이다. 죽든 살든 공평하게 자기가 뽑은 제비는 누구를 원망 할 수 없다. 하지만 다행히 고래가 통째로 삼켜서 3일간의 고통으로 간신이 바닷가로 나와 회개하고 임지에서 파견약속을 지키어 열심히 선교한 결과 많은 결실을 맺게 된 전도기행이다.

인사이동이나 임지 배치 경품추첨 생일 홀수 짝수 자 노래 및 특별 보너스 등 우리 이웃에게 하나님이 함께하심을 체휼케 하셨다.

본인은 종교지도자 리더십 책자를 문재인 대통령께 편지와 같이 동봉하여 송부하였다. 1개월 정독하고 이관 세종시 국민권익위원회검수관이 검수하고 2019년 8월 1일자로 접수시행 문화행정교육위원에서 공문을 받았다.

(12) 군사 리더십
가) 군사 리더십

1978년 2월10일 제1회 세계승공대회, 수운회관 21개국 대표 1천여 명 참석,[163] 세계선교의 기반은 1:1 원리교육이며 원리는 하나님을 중심한 창조이상을 완성하는 하나님의 계시에 의한 진리 원리이다. 남북미 승고사상교육과 승공연합 활동과 사단법인남북통일운동국민연합, 사단법인세계평화여성연합, 사단법인 세계평화청년연합, 세계평화통일가정연합 등 승공사상과 통일사상, 두익사상을 교육하고 있다. 세계평화교수아카데미, 세계평화정상회의 중앙산업연수 및 공무원연수, 새마을연수를 실시해 국민승공새마을운동에 적극적인 활동을 해왔다. 고 박정희 대통령께도 원리강론을 전해서 새마을운동의 이념철학으로 활동한다는 길전식 사무총장으로부터 대신 답변 받았다.

1975년 6월 7일 60개국 젊은 청년들이 한국 서울 여의도 광장에서 120만 명 대 집회를 갖고 '승공사상무장하여 평화통일 이룩하자!' 라는 표어와 피켓 혈서는 지금도 국민모두에게 큰 감명을 주고 당시 김일성 주석이 임진각이 얼면 특수 스키부대를 이끌고 남침한다고 했는데 전 세계평화통일의용군들의 기도정성으로 임진강이 유달리 얼지 않았다.

이어 구호나 집회로만 의용군 결의로 끝나지 않고 산탄개발과 주식회사 통일중공업 기술력 보강으로 선반기계 특수기술 방위 산

---

163) 참부모님 실록, 『선학역사편찬위원』 (서울: 성화출판주식회사, 2017), 150.

업으로 발전하여 발칸 포 특수 장갑차와 자동차 및 헬리콥터를 양산하여 군납하였다.

700백만 승공통일 서명운동으로 마을 촌촌마다 강의와 세미나 강연회 책자홍보 학교승공강의에도 일조하여 주사파, 좌경세력의 학생여러분들에게 승공이론을 소개하고 공산당 이론과승공사상 이론 난상토론을 제안했다. 각 대학 원리연구회서클활동 현장 활동소개 일본, 미국 중국 북한까지 정부기관 승인 하에 통일사상 교육에 이바지하고 일본 조총련계와 북남미국 카우사 활동으로 좌경 세력을 공개적으로 언론에 보도 이념교육에 앞장섰다. 당시 박보희 총재의 미 하원 의회 증언 프레이저와의 질의응답은 세계적인 이슈였다. 동경대 좌익 학생 교육과 교문앞 충돌은 언론 보도 및 아시아 와클 대회를 주관하여 오늘의 일본을 공산당 적기와의 이론 투쟁과 활동은 일본을 공산주의로부터 구했다.

독일, 영국, 아프리카 등 승공 운동은 범세계적 활동으로 공산주의 종언을 선포하고 1989년5월 2일 헝거리 국경선 철조망을 제거하고 동독 1년에 62만 명 이동과 동독 공산당 긴급 기자회견 1989년 11월 9일 동독공산당 여행자유화조치 발표일 기자의 질문에 '지금부터 시작한다.' 각국 기자단 긴급타전 NBC보도, 서독 TV보도 주민들 장벽으로 가서 장벽을 허물고 국경선을 넘다. 당시 쿤터 샤보스키 동독 대변인 답변 발표로 통일에 이바지 했다.

나) 훈독회

참부모님, 훈독회 제정, '훈독회(訓讀會)' 1997년 10월 13일 우루과이 빅토리아 플라자호텔 훈독회 휘호 하사,[164] 매일 새벽 5시 훈

---

164) 선학역사편찬원, 『참부모님 실록』 (서울: 성화출판주식회사, 2017), 428.

독회로 식구여러분과 소통과 간증 보고 설득으로 섭리를 주관하신다. 정주동산에 올라 외1편 -문선명 총재 송덕비 봉헌식장에서- 고종원 하늘이 구세주를 보내실 땅으로 일찍이 예정하신 고을 그래서 정주(定州)라 했던가![165] 신앙 간증, 보고기도, 원리 말씀 훈독, 노래나 찬송, 성가 시낭독과 기도문, 명상 등 밤을 새워 상대방의 말벗이 되고, 보고를 받으면 소통이이루어 진다. 부부간 자녀간 형제간 식구간 누구든지 소통의 리더십이다.

문학적인 시 감상과 노래는 마음의 문을 열고, 유머는 가까운 친구로 만든다. 언어유희 또한 중요하다 존경어와 상대방을 배려하는 마음이다.

다) 소통과 설득

평화(平和)의 길은 '소통'에서 시작된다.[166] 세계평화터널재단은 2005년 12월 24일 '피스킹인터내니셔널(PKI)이라는 이름으로 창설돼 올해 창설 12주년을 맞고 있다. 재단은 창설이래 지구촌의 원활한 소통과 교류를 위해 한일터널과 베링터널, 한반도 중단철도연결 프로젝트 추진 등 다양한 사업을 펼쳐왔다. 이는 지구촌 단절 구간을 잇고 인류의 항구적 평화와 번영을 이루는 첩경이기 때문이다. '피스킹로드(peace king road)'라는 시르즈를 통해 재단의 12년간 발자취를 되돌아봄으로써 피스로드를 통한'인류 한 가족'의 평화세계를 구현하는 데 한편, 평화를 위한 국민 참여의식을 북돋우고자 한다. 문선명 한학자 총재의 제안으로 일본 및 베링해협 터널 및 다리고속도로는 진행 중에 있다. 1981년 11월 10일 서울 세

---

165) 소상호, 『심정문학』 (서울: 심정문학사, 2016), 134.
166) PEACE ROAD, (서울: www.peaseceroad.com vol.38 2017.6),11.

종문화회관, 이 자리엔 세계109개국 857명의 각 분야 석학들로 열기가 가득 찼다. '제10차 국제과학통일회의'에 참석차 왔는데, 당시 한국사회에서 큰 회의였다. '절대가치의 탐구와 새로운 세계의 창조'라는 주제였다. 전체회의 의장은 스웨덴 노벨수상자 몰튼 폰 오일러 박사였다. 부의장은 한국 학술원 원로 이병도 박사였다. '국제평화고속도로(일명 피스로드) 건설을 제창한 것이다. 문선명 총재는 '절대가치와 세로운 세계의 창조'라는 주제의 기조연설에서 새로운 지구촌 문명공동체 구상을 한.일 해저터널 공사를 제안했다.' 세계와 인류'라는 차원에서 '인터내셔널 하이웨이(international highway)'의 건설을 제안 했다. '아사권 대(大)평화고속도로'를 건설하는 것이다. '국제평화고속도로권"을 말하는 것이다. 2005년 9월 12일 미국뉴욕 링컨센타에서 천주평화연합(UPF) 창설대회에서 '베링해협 프로젝트'를 발표했다. '세계 초고속도로를 연결해 줄 '세계평화의 왕 교량 터널(WORLD PEACE KING BRIDGE. TUNNEL)'를 완성하고 세계를 일일생활권으로 만드는 것이다. 주식회사 일신 이용훈 회장이 2008년 1월 17일 건설교통부로부터 인가를 받아 재단법인 '평화통일재단' 후에(세계평화터널재단으로 명칭이 바뀜)창설되어 이른다.

식구와 사업상담, 심리상담, 진로 취업 상담은 오로지 대화이다. 1;1 원리 교육은 자신의 마음공부와 융합을 위한 초창기 참부모님의 선교 및 전도 사역의 가정교회 역사의 산 기록의 사례이다.

약혼 및 축복결혼 개인 상담 및 간증 사업 계획 보고 선교사파견 모든 것이 나만의 준비된 하늘의 소명과 책임이 있다. 그 고비를 잘 넘고 하늘 앞에 감사하면서 기쁨의 신학으로 일관하면 예수님의 제자들처럼 소망과 희망의 비전으로 지치지 않겠다. 꿈이나, 환상,

방언 계시가 내게 필요한 것도 상대방에게 미리 보여주고 가르쳐 준다

(13) 문화 리더십
가) 문화 리더십

문화예술의 기반이 1960년대는 어려운 형편이었다. 이때 1962년 5월 리틀엔젤스 합창단을 창단하여 1962년 9월 미국 아이젠하워 대통령 초청특별공연으로 해외공연을 시작 1965년 11월 미국 CBS텔레비전에 리틀엔젤스예술단 출연, 1972년 1월 제17차 세계순회공연(영국, 프랑스, 미국, 네델란드 등 90회 공연) 1983년 3월 리틀엔젤스 예술학교 및 예술회관 기공 19889월 서울 올림픽 예술축제 참가 1996년 8월 한국의 예술단체 최초로 이스라엘 전역순회공연, 1997년 7월 제31차 세계순회공연(브라질, 파라과이, 우루과이 등 22회 공연)

1998년 5월 리틀엔젤스 평양공연 2002년 1월 한.일 월드컵개막공연, 2007년 11월 2012년 여수세계박람회 유치공연(프랑스파리), 2010년 6월부터 2012년 2월 까지 22개국 6.25 참전 60주년 기념 순회공연, 2012년 7월 한국 정전 59주년기념 미국워싱턴 기념공연, 2012년 11월 리틀엔젤스예술단 창단 50주년기념공연(세종문화회관) 2017년 5월 10일 사단법인 남북통일운동국민연합 창립 30주년 기념 공연 서울 6.3빌딩 2층, 6.25 참전국 국가 보은의 정으로 순회공연을 마쳤고, "마음이 고와야 춤이 곱다. 마음이 고와야 노래가 곱다. 마음이 고와야 얼굴도 곱다."라는 교육 철학으로 세계인의 마음을 감동시키고 있으며 국가 원수를 위한 50회 6,000여회 이상 국내외 무대공연 500여회 TV 출연 등 '민간외교사절단' 수행과 '태

극기를 세계로'라는 기치를 내걸고 인류평화와 화합의 장을 열 것이다.

한국선학(鮮鶴)소년소녀합창단은 2011년 한학자 참어머님 고희기념으로 결성되어 천지인참부모님께 찬양 드리고 가정연합을 대표하는 홍보대사로서 대내외 활동을 한다.(www.ffwp.org)[167]

한국을 비롯한 세계 각국에서 축복결혼 행사에 참여하여 크고 작은 예술행사에 기여 국익을 선양하고 있다. 심청전, 흥부놀부, 의 좋은 형제, 호두 깎기 등 특히 유니버설 발레단은 어려운 여건 속에서도 문훈숙 이사장님의 탁월한 예술기술과 지도력으로 세계적인 명성을 가진 단체가 되고 국가가 인정 대통령상 수회 수상 받았다.

이모든 것은 문선명, 한학자 총재님의 심정문화 리더십으로 한류문화의 길잡이가 되었다.

미국의 새소망 합창단, 오케스트라와 효정예술단은 세계인이 감동하고 있다.[168]

나) 희망 대한민국 화합통일 대국민 전진대회

1991년 12월 4일 김일성 주석과 회담, 1992년 12월 2일 참부모님 모란봉 영빈관에서 북한인수식 (특별기도회)[169] 고난과 시련을 이기고 사탄을 자연 굴복시키는 일은 지혜와 참사랑만이 가능하다. 인류의 구세주, 메시아 참부모로 오시어 많은 고난과 시련 고통을 이기고 사탄이 자연 굴복 할 수 있도록 함은 대단한 것이다.

희망 대한민국 대국민 화합 통일 선언문은 문선명 한학자 총재

---

167) 한국선학소년소녀합창단, (서울: 후원회 세계평화통일가정연합), (www.ffwp.org)

168) 리틀엔젤스예술단, (서울: 후원회 www.lttleangels.or.kr)

169) 선학역사편찬원, 『참부모님 실록』 (서울: 성화출판주식회사, 2017), 333.

님 내외분의 평화사상을 전승하여 우리는 희망 대한민국을 이루기 위해 대국민 화합 통일 선언하며 다음과 같이 실천해 나가겠습니다.

하나, 우리 한반도 평화실현을 위해 피스 프로젝트를 전 세계적으로 전개하는 한편, DMZ 평화공원 조성 및 제5 유엔 사무국 유치 활동에 앞장서 나갈 것이다.

하나, 우리는 대한민국의 희망이자 4차 산업혁명 시대를 이끌어나갈 미래 세대의 올바른 성장을 도모하며 글로벌 인재유성 사업에 아낌없이 지원해 나갈 것이다.

하나, 우리는 다변화하는 가족유형의 관계증진 및 행복을 위해 참사랑 공동체 실천운동을 적극 주도하며 더불어 함께하는 문화를 선도해 나갈 것이다.

하나, 우리는 위하는 삶이 기초가 되는 참사랑 이상사회를 이루기 위하여 '희망 대한민국! 대국민 화합 통일 전진대회'를 시작으로 가치관 회복운동을 적극 이끌어 나갈 것이다.

다) 참사랑 실천궁행

자아주관이란 하늘 부모님과 참부모님을 모시고 참사랑을 공유하는 지리가 환경권을 해방 석방 성별하여 하나님이 임재하실 수 있도록 하는 것이며, 선한 조상들과 성령이 함께 역사하신다. 어려운 고난도 참사랑의 연장선이다. 보다 공적인 자리에서 희생봉사는 하늘 부모님이 함께하신다. 주변 환경을 극복하고 개선하여 환경

창조를 한다면 사랑의 보금자리가 되고 사람이 찾아와 생명의 부활 잔치가 지속된다. 지신, 터신, 주변의 영들이 인정해주고 가인권이 인정하면 사탄도 자연굴복 참부모 리더십 역사가 벌어진다.

영광군 광산김씨 종친회 장학금으로 일금 1백만 원을 기탁하였으며 이어서 여러분이 함께하며, 전라남도가 주체하고 전남사회적경제통합지원센타가 주관 2020 마을기업 설립 전 교육에 김공수, 로사린다엘알세오, 김동민, 김태호, 이경수, 이안례 6명이 참여하여 참사랑 협동조합으로 활동하고 있다. (제1911-31-021호)

IV. 결론

1. 결론

문선명 한학자 독생녀 참부모 리더십은 모든 종교의 지도자가 걸어야 할 전형노정이다. 종교의 신앙과 구원은 최고의 가치를 추구한다. 인간이 종교를 통해 하나님의 최고의 선물을 받고 싶어 한다. 3대 축복 이상이다. 모두인류가 추구하는 선물을 받아서 행복한 참사랑의 개인, 가정, 종족, 민족, 국가, 세계, 천주를 만들고 하늘부모님을 닮은 참사랑의 절대 순결성이다. 순결 실체가 되기 위해서는 부단한 노력과 정화정성이 메시아, 구세주, 재림주의 구원 참부모로 말미암아 선물이 생명수 참사랑 절대성이다. 우리가 이것을 복귀의 에덴동산에서 심정일체를 이루어 참사랑의 심정권 개인 가정을 완성하는 것이 4위 기대 조성이다. 즉 순결한 마음과 몸 지닌 터전위에서 참사랑이 가능하며, 참사랑을 해야 하나님을 닮을 수 있다. 순결하지 않는 사람이 상대에게 참사랑 한다는 것은 거짓 사랑이다.

인류는 누구나 절대 성의 본체인 하나님을 그대로 닮고 창조본연의 절대성의 실체로 완성 할 수 있다. 그렇게 되기 위해서 먼저 마음과 몸에 자리 잡고 있는 타락성을 발본색원하여 마음과 몸이 하나님의 성전이 되어 하나님의 신성이 거 할 수 있는 깨끗하고 거룩한 마음과 몸을 유지관리 해야 한다.[170]

아브라함 계통의 신앙에서는 인간과 하나님이 하나 되려는 초기 단계에서 타락 했다고 가르치고 있다. 기독교는 타락한 인간이

---

170) 문상희, 『순결이 국가경쟁력이다』 (서울: 행복한 에너지, 2017), 160.

타락한 원죄가 교리로 연결되어 원죄는 아담과 해와가 저지른 간음 죄로서 모든 인류에게 유전되어온 인류역사에 하나님과 인간이 단절된 죄를 청산 하는 분이 예수님이 치유할 수 있다고 말한다. 이슬람에서는 아담의 죄는 아담에게만 해당 되는 것으로 아담이 하나님께 순종함으로 모든 인류와 함께 용서 받을 수 있다고 본다. 유대교에서는 이런 내용이 혼합되어있다.

불교의 자기마음공부는 내면의 나를 찾아 진리의 법, 개벽의 하나님을 찾아가는 길이다. 참된 나를 찾아서 참선으로 나를 알게 되면 하나님의 섭리 앞이 기뻐하고 즐거워한다. 천윤을 알게 되면 더욱 기쁘고 즐거운 경배와 찬양이 지속 된다.

유교 경전 중용 27에는 "위대하도다! 성인 공자의 도여! 양양히 만물을 발육하게 하고 높이 하늘에 닿았도다. 우우히 크도다. 예의가 삼백이고, 위의가 삼천이로다. 이 모두는 그 사람을 기다려 비로소 행하게 되리라."라는 덕이 끊어지지 아니함은 군자는 법을 행하여 명을 기다릴 뿐이다. 맹자 VIIB.33(유교)[171] 군자는 덕(德)으로 14명의 마음을 하나로 모아서, 명에 따라 행함이다.

대학에 명덕 명명덕 밝음의 세상 밝음의 나! 밝음의 가정, 사회 국가, 세계 천주로 확대해서 인과 덕, 예로 윤리의 도덕의 천하를 통치하는 대동사회가 공자의 정치 철학이다. 우리들의 목표는 분명하다. 어짊과 덕으로 예의 세상을 만들어 가는 주체가 나(我)부터 시작한다.

참부모님의 리더십은 3대 주체사상으로 참부모, 참스승, 참주인의 역할만 잘 한다면 한가지의 사명과 책임이 전체를 대신한다는 것이다. 참부모는 인류의 부모로 스승 주인으로 오시어 원죄와 유

---

171) 문선명, 『세계경전 2』 (서울: 천주연합(페라곤 하우스 출판), 2009), 423.

전죄 연대적 죄를 청산 자범죄는 스스로 탕감조건을 세워 정화정성과 기도 도량 탕감 법으로 청산하여 축복결혼으로 중생 부활 영생으로 거듭남의 참사랑의 삶이다. 반드시 참부모 메시아, 구세주, 재림주에 의해서 감람나무 가지를 자르고 참감람나무 새순으로 접붙여서 새로 눈 참감람나무로 거듭 낳아 살아가는 길이다.

세계평화는 모든 종교가 하늘 부모님의 참사랑으로 한 하나님 아래 인류 한 가족을 만드는 공동체이다. 지구환경오염, 부족한 천연 자원의 경쟁, 폭력, 핵무기 확산 문제에 직면한 세계평화문제이다. 인간의 생명과 직결된 문제이므로 반응이 빠르다. 하나님은 문선명 총재와 한학자 총재를 통해서 해결 할 것을 기대하고 있다. 두 분의 기도응답과 정성의 노력은 영감에 민감하다. 기술의 진보와 개발은 국가 안보를 위해 인류는 모두가 풍요와 행복을 추구한다.

세계는 종교와 문화의 오랜 편견들이 구체적이고 설계도면을 보고 건축하듯이 하나님에서 발견되어야 되고 종교와 영성은 세계 인류가 한 가족 이념을 구현해야한다고 가르친다.

우리는 천일국의 유토피아 건설을 위한 노력을 지속적으로 추진해야한다.

문선명, 한학자 총재의 새로운 비전은 2020과 평화통일왕국이 국제연합의 개혁, 국경선 철폐, 초문화적 결혼에 의한 문화연대, 그리고 세계도시를 연결하는 국제고속도로를 포함한 세계평화는 참사랑의 실천에 의해 건설된다는 근본 된 신념이 현실화되고 있다.[172]

문선명, 한학자 총재님의 리더십은 통합적 참부모, 참스승, 참주인, 참사랑의 리더십이다.

---

172) 문선명, 『세계경전 2』 (서울: 천주연합(페라곤 하우스 출판), 2009), 1119.

전도를 위한 정성과 원리 전파 우리들의 빛을 세상에 비추게 하는 삶이다.

아름다운 참사랑의 가치를 보여주고 가르쳐주고 공유하면서 보다 공적인 자리에서 위하는 삶이 지속가능할 때 스스로 찾아와 봉사한다.

전도는 하나님의 인도하심을 믿고 순수한 마음으로 고결한 실천을 통해 이루어진다.

3대 축복으로 본 13개 축복 리더십이 메시아 구세주 참부모님이 실체적으로 찾아 승리하신 통합적 리더십이다.

> '메시아라는 말은 히브리어로 기름부음을 받은 자, 왕이라는 의미가 있습니다만 참아버님께서는 메시아라는 말은 "고향의 조상"이라고 표현하셨습니다. 조상하면 이미 영계에 가신 조부모, 증조부모, 고조부모라고 생각하겠지만 참아버님의 말씀이 고향의 조상이라고 말씀하신 의미는 고향의 중심이라는 뜻으로 말씀하신 것입니다.'[173]

신종족 메시아 책임완수 승리는 종적 430 조상해원 축복과 횡적 430가정 축복결혼 가정교회 관리 천일국의 실체 천일국평화왕국권을 창건하는 완성의 길이다.

2. 결론 논의

1) 제 1축복 개성완성의 비전 리더십

---

173) 세계평화통일가정연합, 『천성경』 (서울: 성화출판주식회사, 2013), 976.

우리 모두는 참부모님과 참가정을 중심삼고 화합과 통일의 심정문화공동체를 만들어가야 합니다. 여러분 모두는 예외 없이 하늘의 선택과 조상의 공적 그리고 자신의 후천적 선택에 의해 뜻 길과 연결되었습니다. 그리고 수많은 박해를 무릅쓰고 참부모님의 뒤를 따라 오늘의 승리 권까지 맞게 되었습니다. 그러므로 우리는 한부모를 중심한 가족 심정공동체입니다. 세상은 아직까지 분열과 갈등이 난무하고 있지만 우리 통일가는 인종 국경 및 어떠한 장벽도 거뜬히 뛰어넘어 한 형제자매가 될 수 있습니다. 위하여 주는 삶의 본을 보인다면 분명히 이룰 수 있는 꿈입니다.[174]

유대교, 기독교, 불교, 유교, 세계평화통일가정연합 등 종교지도자 리더십을 통해 문선명 한학자 총재 참부모님 리더십의 특징은 3대 주체사상 참부모, 참스승 참주인 이다. 우리들의 관심사항인 하나님의 3대 축복 생육, 번식, 만물주관 완성의 절대성을 대안으로 제안한 참부모님의 리더십 세계평화통일가정연합의 참부모님의 리더십 절대성 리더십을 통해서 21세기 인류의 희망과 하늘 부모님의 참사랑을 중심한 천일국 평화왕국건설에 이바지코자 그 안을 문상희 교수의 순결이 국가경쟁력이다." "나를 이끄는 최고의 리더십은 순결이다."라는 절대 성의 출발을 제안 참부모 리더십의 연구결론을 논구하고자한다.

2) 제2축복 가정완성의 참가정 리더십

불교의 인간 이해[175]는 불교 창시자 석가모니의 출가(出家)는 '인간의 고통의 문제를 해결하기 위해서다. 그는 사문유관(四門遊

174) 세계평화통일가정연합, 『천성경』 (서울: 성화출판주식회사, 2013), 1368-11.
175) 이재영, 『불교명상이 유일신 신앙 발달에 미치는 영향』 (서울: 서울불교대학원대학교 불교학과 명상학 전공 박사논문, 2015), 34-35.

觀)을 통해 인간의 생.노.병.사가 고통임을 알았고 인간의 고통문제를 해결하기 위해 출가하여 수행을 하게 되었다. 그가 수행을 통혜 깨달은 것이 존재의 법칙 삼법인(無常, 苦, 無我)이다. 무상은 일체 중생은 고정 불변의 존재가 아니라 일어났다가 사라지는 존재라는 것이다. 존재는 찰라에 일어났다. 찰라에 사라지는 존재이기에 불만 족이 일어나고, 이 불만족이 고통인 것이다. 일체중생이 무상의 존재로 찰라에 일어났다. 사라지는 존재이기에 무아인 것이다. 인간의 구성요소인 오은도 일어났다가 사라지는 무상(無常)의 존재인데 이 오은을 실체로 알고 집착 하므로 고통을 겪게 된다는 것이 불교의 인간론의 핵심이다. 오은을 실체라고 믿고 집착하는 견해를 유신견 (有身見)이라고 하며 이 유신견이 인간의 고통의 원인이다.

창조주의 전유, 전능, 소속에 나는 피조물이다. 창조목적은 창조 자의 기쁨의 대상이다. 개인의 생각과 사고는 창조자의 창조목적성 에 부합해야만 고통이 없다.

가정연합의 창세기 1장 28절 3대 축복을 제1축복, 제2축복, 제3 축복은 만물까지 참사랑하여 주관자에 이를 때 비로써 하나님을 닮 은 '절대성의 본질'의 실체를 완성하게 된다. 제1축복은 종적관계, 제2축복은 종적, 횡적 6 방향관계, 제3축복은 종적, 횡적 6방향, 만 물세계의 완성 기준은 각기 관계의 대상이 다르게 확대될 뿐이며, 모든 관계가 참사랑 완성이다. 제2축복의 부부관계에서만 유일하게 절대성 관계가 적용된다.

참사랑의 출발은 '하나님. 인간'의 종적 관계에서 출발한다. 종 적 관계가 온전해야 '생식기의 합일의 원칙'을 지킬 수 있는 힘이 발 생 한다. 하나님을 배제한 참사랑과 절대성은 없다. 인류 모두가 축 복의 관문을 통과해야 절대성이 출발 할 수 있다. 3대 축복 완성에서 하나님과 공명권을 이루는 부부의 절대성이 중요한 포인트다.

순결의 핵심적 의미가 이루어지지 않는 삶은 가정에서 참사랑 관계의 삶이 시작 될 수 없다. 순결이란 부부의 참사랑을 완성하기 위한 출발점이며, 토대가 되는 기초 덕목이기 때문에 순결 덕목의 구현이 없다면 부부참사랑의 완성이 불가능하다.

유교의 이해는 제사, 점, 선조들과의 연속성의 공통점은 땅이 아닌 하늘의 의경 념(念)이다. 유교를 종교로 보려는 입장에 선다면 공자는 첫째, 그 강조점을 하늘에서 땅으로 옮겼다는 것, 둘째, 그렇지만 하늘을 완전히 무시하지는 않았다는 것을 주목해야한다. 문서상으로 참고할 전거(典據)는 여럿이 있다. 사람이나 귀신 중 어느 것을 먼저 생각하느냐하는 심각한 논쟁거리에 대해서 공자는 귀신은 물론 제쳐 놓을 수는 없으나 역시 주요 관심은 사람, 거기에 있다고 잘라 말했던 것이다. 존 듀이가 "사회란 것을 전부라고 말하지는 않았겠지만 그것이 관찰 할 수 있는 것 가운데서 가장 광범위하고 또 풍부한 것이라고 말하고 싶다."했을 때 그것이 공자 사상과 밀접하다는 것을 곧 알 수 있다. '산사람을 알지도 못하면서 어떻게 신(神)을 말한단 말인가" 공자의 말은 확고했다. 하늘에서 땅으로 관심을 돌리게 한 공자의 입장이 조상 숭배에서 효(孝)로 그 초점을 옮긴데 여실히 나타났다. 그가 가장 신성한 맥(脈)있다고 하면, 그것은 혈연의 맥이다. 땅과 하늘의 전통만은 건드리지 말라는 것이다. 상제(上帝)에의 외경은 그에게서 빼버릴 수 없다.

"하늘이 나에게 이 정의의 선포를 맡긴 이상, 세상 어느 나라가 이 바른 말의 선포를 막을 수 있는가"

공자의 예리한 확신이 거기 빛나고 있었다. 세상에서 가장 종교적인 말을 공자가 하나 남겼다.

"하나님을 거역한 자 세상에서 돌아서 기도할 곳이 없구나."

가장 철저한 유교의 교훈이다. 그는 이세상의 질서와 그 법의 배후에는 그것을 섭리하는 신비스럽고도 보이지 않는 힘이 있고 그것이 모든 휴머니즘의 본질적인 전제라고 말한 것이다. 유교를 한마디로 말한다면 그 말은 이렇게 해야 할 것이다. 곧 우주의 질서와 연결되고 병행되는 사회질서다.[176]

먼저 천과 지를 중심으로 보고 인간의 생활을 인과 덕, 예로 살되 참된 나로 성인의 경지로 도통군자가 되는 길을 열어 놓았다. 가정연합의 하늘부모님을 닮아가는 삶이다.

3) 제 3축복 주관성 완성 참주관 리더십
불교의 영성은 직지인심(直旨人心)이다. 즉 "사람의 마음을 바로 가르킨다"는 것은 찾을 것이 저 밖의 어디에 따로 있는 타자적인 것이 아니라 바로 사람의 마음이라는 것이다. 흔히 진여니 불성이니 하는 개념으로 표현되어 온 깨달음의 '목적어'는 타자적인 객체를 말하는 것 이아니라 각자의 마음을 가리킨다는 것이다. 그래서 본래 참된 자기의 성품(眞如自性)이 곧 부처로서의 성품(佛性)이고, 그 부처로서의 자기 본연의 성품을 보면(見自本性) 그대로 부처가 된다(成佛)는 것이다.[177]

---

176) 휴스톤 스마트, 『세계의 종교들』(서울: 연세대학교 출판부,1993), 145.
177) 정덕주, 『종교와 영성』(서울: 도서한들 출판사, 1998), 28.

절대성은 하나님의 기능과 꼴의 절대 속성에 초점이 주어진 용어이며, 순결한 성은 인간의 마음과 몸의 기능과 꼴 상태에 초점이 맞추어진 용어이다. 인간이 타락하여 마음과 몸 사탄의 혈통을 이어받아 더럽혀진 마음과 몸, 하나님과의 관계 상실, 타락인간과의 불륜한 관계가 되어 버렸으므로 절대 속성, 또는 원래 상태로 복귀하여 본연의 순수한 기능과 꼴, 관계로 회복해야한다. 참주인 리더십이다.

절대성과 순결한 성의 공통점은 인간이 궁극적으로 이루어야 할 이상적인 모델 성으로서 성의 근원, 본질, 기준, 목표, 내용이 동일하다. 창조이상을 완성한 남성과 여성이 '하나님과 인간관계는 부자관계'라는 등식이 창조성계에 그렇게 되어 있으므로 궁극적으로 인간은 창조본연의 모습으로 돌아가야 하는 것이 숙명이다. 숙명적으로 가야 할 길을 인간이 연장하면 연장할수록 스스로가 불행을 자처하는 것이다.

이슬람교의 이해는 이슬람 교단의 최고 책임로서 마호멧의 뒤를 이은자를 카리프(교주)라고 부른다. 마호멧이 죽은 후 최초로 그 지위를 이은 것은 아브 바르크르(재위 632~634년)이다. 그는 마호메트의 입에서 흘러나온 수많은 계시를 사람들이 잊어버릴지도 모른다는 것을 염려하여 서기(書記)인 자이트 빈 사비트에게 그것을 모아 기록하게 했다. 코란의 원형을 연구 편집하여 제3대 카르프인 우스만 (재위 644~656)의 명에 의해서 자이드 빈 사이트가 편집을 다시 하였다. 서기 700년대 초에 이르러 오늘날의 코란의 형태가 정비되었던 것이다. 코란은 114개의 장으로 되어 있다.[178]

예배와 신앙 찬양 실천을 통해 하나님의 나라를 건설해야한다

178) 토마스 J. 어버크롬비, 『코란』 (서울: 태종출판사, 1985), 265.

는 비전이 지속적인 가르침을 남긴다.

기독교의 이해는 예수그리스도를 통해서 완전 구원을 받았다면 재림의 약속이나 천국을 지상에 안착하지 못했다는 증거다.

"지금 내가 아버지께로 가오니 내가 세상에서 이 말을 하옵는 것은 저희로 내 기쁨을 저희 안에 충만히 가지게 하려 함이니 이다."(요17: 13)

참부모님 리더십 13개 분야를 통해서 하늘 부모님과 자녀 관계를 회복하여 13개 분야 리더십의 리더가 되어 보다 공적인 자리에서 희생 봉사하는 것이 참부모님 리더십을 적용 대신하는 것이다.

13수가 행운의 숫자이며 모든 수를 움직일 수 있는 절대적 입체수이다. 고로 13개 분야 리더십을 긍정적 사고로 연구 비교하여 참부모님의 리더십을 배우고 읽히어서 세상 앞에 보여주고 자랑할 수 있는 천도이다.

세계종교 지도자는 감성의 사람이다. 하늘부모님의 실체로 오신 문선명 참부모와 참주인 리더십을 통해서 천일국 안착이다.

"사람의 심령은 그 병을 능히 이기려니와 심령이 상하면 그것을 누가 일으키겠느냐" (잠 18:14)

성공하는 지도자의 특징은 첫 번째, 용기, 두 번째는 지혜, 셋째는 어짊, 넷째, 엄격함, 다섯 번째는 신용이다.

"훌륭한 사람이 되게 하는 것은 성공이 아니라 그가 경험한 실패, 저항에 대한 굴하지 않음과 성공을 이루기 전의 믿음 등이다."[179]

인(仁)은 몸의 가까이에 있다. 자신을 늘 다른 사람의 입장에 두고 생각하는 것, 이것이 바로 인이다. '어짊'이란 과연 무엇인가 이에 관해 가장 많이 언급한사람이 바로 공자이다. <논어(論語)>에 인이 요체에 관해 간단하게 설명한 다음 자공(子貢)의 질문 예를 들어보자.

"백성을 빈궁으로부터 구제하고 생활을 안정시킬 수 있다면 그것을 무엇이라고 해야 하겠습니까? 인(仁)이라 말할 수 있겠습니까?"

그러자 공자가 이렇게 말하였다.

"그것은 이미 인이 아니다. 거기에 이르면 성(聖)이니라. 성천자(聖天子)인 요(堯)와 순(舜)조차 그런 일을 성취 할 수 없어 번민 했느니라. 인은 몸 가까이에 있느니라. 자신의 명예를 귀중하게 생각하면 먼저 다른 사람의 명예를 중히 여기게 된다. 또한, 자신이 자유로우면 다른 사람의 명예를 자유를 존중하게 된다. 이렇게 자신을 늘 다른 사람의 입장에 두고 생각하는 것, 이것이 바로 인 이니라"[180]

문선명, 한학자 독생녀 참부모와 세계종교지도의 리더십을 통해서 연구한 결론은 개인이나 집단이 지도자의 지도력에 따라서 무궁한 발전을 할 수도 있고 퇴보 할 수도 있다는 것이다. 문선명, 한

179) 세자르 카스텔라노스, 『G-12 리더십』 (서울: 도사출판, 2006), 43.
180) 모리야 히로시,『성공으로 가는길 리더십』 (서울: 새벽이슬, 2011), 37.

학자 독생녀 참부모의 13개 리더십을 통해 보다 더 나은 미래의 희망을 열어갈 수 있는 방법이라면 도전해보고 실천한다면 미래는 행복한 삶이 보장될 것이라 확신하면서 세계종교지도자들의 좋은 점만 본받아서 오늘의 삶의 교훈으로 삼고 새로운 문선명, 한학자 독생녀 참부모 리더십을 배양해야겠다.

문선명, 한학자 독생녀 참부모님의 두익사상 통일사상요강의 수수법의 특징을 적용하여 참부모 리더십 배양에 활용한다면 세계종교지도자들의 길잡이가 된다. 상대성, 목적성과 중심성, 질서성과 위치성, 조화성, 개별성과 관계성, 자기동일성과 발전성, 원환운동성이다.[181]

3. 결론 고찰

문선명, 한학자 독생녀 참부모와 세계종교지도자의 리더십 연구를 통해 무엇을 얻고 도움이 되었는지를 고찰하고자한다.

유태교, 기독교, 불교, 유교, 이슬람 등 세계종교 지도자 리더십을 문선명, 한학자 독생녀 참부모의 13개 리더십유형을 비교함으로 생육, 번성, 만물을 주관하라 하신 종교가 추구하는 하늘부모님의 섭리를 이해하며 13개 리더십을 적용하여 종교 지도들의 지도력을 조명하였다.

유대교의 모세5경을 가르치고 지도하는 지도력과 안식일의 예배문화를 이해하고, 기독교의 주일과 복음의 말씀 예수님의 박애정신과 세계형제주의 부자관계를 이해하였고, 불교의 인간 번뇌의 원인에 대한 부처의 분석과 깨달음, 유교의 공자 군자개념, 이슬람의

---

181) 통일사상연구원, 『통일사상요강』 (동경, 주식회사 광언사, 1994), 452-453.

다섯 기둥 등을 알고 통합과 화합의 길을 이해한다. 인류의 원죄가 무엇인가를 알려주지 못하고는 재림주님, 구세주, 참부모가 와야 할 목적을 알 수 없게 된다.

첫째는 인간의 모든 종교들 가운데는 주장하는 적절성이다.

둘째, 종교의 모든 중요성은 똑 같다는 것이다. 구원에 관한 진리가 발견된다면 또 다른 종교에서도 발견 된다는 것이다. 지도자의 지도력 따라서 하나님의 섭리에 인간 책임분담을 더해서 부모가 원하는 바의 이상세계를 더 빨리 이룩할 있다.

인간 가족 (The Family of Man)이란 작품의 위대한 사진작가는 자기의 신조를 말했다. "나는 모든 것이 중요하다. 그리고 이 모든 것과 우리는 닮았다고 믿는다." 종교는 중요하다. 종교 속에서 이 세상의 모든 사람들은 닮았다고 한다. " 우주적 천주적 한 하나님아래 인류대가족이다.

창조주 하나님께서 만물과 인간을 창조하시고 심히 기쁘다 라고하신 말씀의 배경은 희망과 행복과 참사랑이다.

셋째, 사랑의 하나님이 자녀들에게 나타나 함께 더불어 살아간다. 우리는 우리의 종교를 유심히 잘 살펴야한다. 존경은 드높은 힘을 위해 길을 예비하고, 드높은 힘, 사랑은 두려움과 의혹과 편견의 불꽃들을 제압 할 수 있다. 거대한 지구성 온 인류가 하나가되어 만민 형제주의를 제창하고 종교유엔이 된다. 이해는 사랑으로 하나되므로 종교 간의 교류와 상호 관계성을 통해 우리는 참사랑을 실행하기위해 귀를 기우리지 않으면 안 된다.

예수님은 먼저 주라, 석가는 해탈은 먼저 배워라, 공자는 인내와 덕을 세워라, 모함메트는 알라의 명령에 순종하라고 했다.

문선명 참부모와 세계종교지도자의 리더십을 융합 발전하여 참부모 리더십 교육으로 4차 산업시대를 이끌 초종교 초교파 연합과 미래인재 육성을 해야 한다.

세계평화가정연합의 문선명, 한학자 독생녀 참부모 리더십의 방향[182]은 하늘부모님과 참부모님을 모시는 가정연합은 하늘의 섭리를 수행하는 신종, 대안종교로서 기존 종교의 지혜와 전통을 수렴하고 넘어가야 한다. 성장기간에 인간책임분담으로 자아주관과 우주주관을 병행하여 개체완성 가정완성 주관성완성으로 나아가야 한다. 그런 우리가 기독교의 값싼 구원론을 부러워하는 것은 아닌가?

인간책임분담에는 교육이 담겨있다. 미성숙한 인간이 교육 없이 성숙할 수 없기 때문이다.

교육은 백년지대계라고 한다. 교육은 국가의 초석을 놓는 활동이므로 멀리 보고 크게 구상하여 실천해야한다. 단기간에 결과를 얻으려는 행동이 절대 아니다!

문선명 참부모와 세계종교지도자의 리더십과 인재양성을 다룬다. 가정연합의 지도자란 참부모님을 본받아 남을 위하여 희생하고 봉사하는 참사랑 실천자라고 본다. 가정연합의 시대를 다음과 같이 구분한다. 1세가 주도 했던 시대를 초창기로 본다. 교회를 창립하고 우리의 정체성을 확립해갔던 시기라고 본다. 2세가 주도하는 지금을 성숙기로 본다. 확립된 정체성을 바탕으로 세상과 연대하여 세상과 함께하는 시기로 본다. 초창기와는 다른 새로운 방안을 찾아야 세상으로 나아가야한다는 것이다. <뜻길>의 말씀.

---

182) 이재일, 『세계평화통일가정연합 전남교구의 인재상과 인재 양성방향』(전남: 2017 희망드림 전남교구 컨퍼런스 2017), 43.

"말씀으로 이상을 주고, 인격으로 실천을 보여주고, 심정으로 사랑을 주자"라는 구절을 생각해보면, 그동안 우리가 "말씀으로 이상을 주"는데 집중했다면 이제는 "인격적으로 실천을 보여주고, 인격적으로 실천을 보여주고, 심정으로 사랑을 주"어야 할 때라고 본다.

인재양성 방향의 의미는 첫째, 가정연합의 지향점을 살펴보자. 가정연합은 지상에 천일국을 창건하고자한다. 천일국이란 인류가 개성완성, 가정완성, 주관성완성을 이루며 살아가는 세계이다. 이는 인류가 소망하는 평화의 이상세계이고, 모두가 공생공영공의로 살아가는 세계이다. 이러한 이상세계는 하늘부모님의 창조본연 이상이었다. 천일국은 하늘에서 하늘부모님이 만들어주는 것이 아니라 지상에서 인간이 만들어가는 것이다. 도선 국사가 1,000년 전에 영광군에 1개월간 답사한 예언 답산록이다.

"도선(827~898)국사는 영광 법성면 신장리 신장동에 위한 청주한씨 6세조 한광윤 선생의 추원제 묘소터를 둘러보고 영광의 3기 혈중의 하나인 와우형 혈로서 용사취회형 즉 용과 뱀이 만나 회의하는 지형의 왕비상지지 즉 왕비가 탄생할 곳이라고 분석 하였고, 청주한씨의 후손가운데 "7왕비 4대승상이 나온다고 예언하였다. 특히 7왕비 가운데 일곱 번째 왕비는 황후로 온나라를 한 나라로 치리할 운세를 갖고 탄생을 할 것이라고 예언을 하였다."

하늘부모님의 섭리와 인간의 책임이 함께하여야 이룰 수 있는 세계이다. 곧 하늘의 섭리에 인간이 참여하여 책임을 완수해야 이룰 수 있다. 이를 위해서 가정연합은 종교운동을 위시하여 학술, 경제, 예술, 문화 등 인간 삶의 모든 부분에 대한 개혁운동을 펼치고 있다.

종교란 무엇인가? 가정연합은 종교란 인간으로 하여금 내적무지를 극복하고 내적 진리를 추구하도록 안내하는 것이며 하나님의 구원섭리의 수단이라고 본다. 종교에서는 종교를 세속적 현실을 부정하고 초월적 이상으로 나아가도록 안내하는 수단으로 본다. 사회에서는 종교를 위로와 평화로 안내하는 수단이라고 한다.

종교학의 관점에서는 동서양의 종교를 두 유형으로 구분 할 수 있다. 서양의 종교는 신현적(神顯的)종교로서 신과 인간의 관계회복이 초점인데, 이는 인간의 믿음과 복종으로 가능하다고 본다. 이러한 종교는 유일신 종교로서 배타성이 강하다. 기독교, 이슬람, 유태교가 해당된다. 동양의 종교는 성현적(聖顯的) 종교로서 궁극적 실재(원리, 자연, 우주, 법, 도)에의 조화와 합일에 초점을 두는데, 이는 자신의 수행(修行)으로 가능하다고 본다. 불교, 유교, 도교가 해당된다. 결국 서양의 종교는 믿음을 강조했고 동양의 종교는 수행을 강조했다.

그러면 가정연합은 어느 쪽이고, 어떠해야 하는가?

가정연합은 동서양의 종교를 아우른다.

유일신 하늘부모님을 믿으면서도 수행으로 자신의 인격을 갈고 닦아 하늘을 모시고 하늘과 합일하려고 한다. 가정연합은 개인의 인격적 성장과 공동체의 성숙을 지향한다. 신앙과 수행을 조화하면서 성숙한 인격으로 세상에 나아가야한다.

믿으면 복 받는다는 서양종교의 한계를 넘어서야한다. 수행하여 세상으로부터 초연하려는 동양종교의 한계도 넘어서야한다. 수행하여 인격을 기르고 세상을 천국으로 개혁해야한다.

그중에서도 인간의 혁신을 위한 교육활동은 천일국 창건의 초석이 된다.

교회가 지역사회의 문화센타 역할을 해야 한다.

둘째, 향토문화와 농경문화 및 해양문화가 어우러진 지역가치를 살려야한다. 역사문화유적과 터가 되어야 할 것이다. 유물을 보존하고 있는 박물관은 우리민족의 역사와 문화를 배울 수 있다. 지역사회 애향심을 배양하는 대한민국의 국민으로서 자부심을 가지고 애천 애인 애국 충효를 실천하는 세계인으로 육성해야 한다.

셋째, 현대사회는 지구촌 시대이다. 지구환경, 생태계를 건강하게 보존하고 인류의 평화적 공존을 추구해야한다. 다양한 문화 가치가 서로 소통하고 대화하여 융합복합문화가 제4차 산업의 리더로 인재 양성해야한다. 융 복합문화를 추구한다. 다문화의 문화와 역사, 언어와 풍습 경제와 종교를 이해한다면 한국 융복합문화의 기반이다. 가정연합은 이를 활용할 방안 모색하고 지식정보사회 정보화 사회의 정보의 가공과 처리 및 유통이 활발하여 사회와 경제 활동의 중심이 되는 사회를 만들어간다. 신지식 신기술을 끊임없이 배워야한다.

넷째, 아동, 청소년, 청년, 성인이라는 전 연령층에서 인재상을 구상해야한다. 소통하고 활용하는 인재육성이다.

기본방향은 원리와 말씀을 기초한 인격수양, 지역사회에 봉사하고 역사문화를 탐구와 체험하는 역사의식 형성, 사회와 국가를 바르게 볼 줄 아는 지혜와 근현대사 역사를 공부하면서 근현대 역사의 결과물인 현대사회를 진단 할 수 있어야한다. 다문화와 다 가치를 품는 포용성과 습득 관용이다. 해양문화체험으로 진취적 기상 배양이다. 아동발달과 성인에 단계별 교육발단단계를 가정 사회 국

가 세계인으로 거듭나기 위해서는 단계별 교과정과 세심한 교육정
착 프로그램을 응용하여 천일국 국민 교육 훈련장 이어야한다. 실
험교회의 도전이다. 모델훈독가정교회 및 사회적 훈독환경을 지속
적으로 지도해야한다.

　가정연합은 하늘부모님과 참부모님을 모시고 문선명, 한학자
독생녀 참부모 13개 리더십을 응용 개발하여 하늘섭리에 부응하여
지상과 천상에 천일국을 실체화해야한다. 종교는 본래적으로 교육
적 역할을 지닌다. 공부와 수행은 평생교육과정이다. 교회공동체는
종교통합과 화합의 장으로 평생교육체제를 수립하고 시행해야한
다. 모든 종교와 교육기관이 여성, 청년, 학생, 정치지도자, 종교단체
가 연합하여 종교유엔평화세계를 완성해야한다.

　천일국정착과 참사랑참평화의 길은 사랑과 평화는 문선명 참부
모님의 13개 리더십을 배우고 적용하여 개인 가정 민족 국가 세계
의 담을 헐고, 초국가, 초인종, 초종교 활동을 통해 세계를 한 가족
으로 만들어 영구적 평화를 정착시키는 참부모 리더십 교육을 한다
면 하나님과 인류의 소원인 천일국은 정착된다.

　창세기 1장 28절 생육하고 번성하여 만물을 주관하라하신 하늘
부모님의 3대 축복을 13개 참부모님 리더십으로 적용하여 참사랑
을 실천궁행하면 천일국 이상을 안착 한다

참고문헌

국내문헌

김시온, 『현대 한국교회 목회자 리더십에 관한 연구』(서울: 서울신학대학교 대학원 2000 석사논문).

김공수, 정병환, 『하나님의 말씀』(전남: 명원기획 2006).

김영운, 『통일신학』(아산: 선문대학교출판부).

김성훈, 『다니엘 골던』외 감성의 리더십.

김진춘, 『성약말씀과 참부모』(설악: 청심신학대학원대학교출판부, 2004년 1학기 발표자모음).

김진춘, 『성약 말씀과 천일국』(설악: 청심신학대학원대학교 2007. 제2학기 교재).

김호용, 『성경전서』, (서울: 재단법인 대한성서공회, 1991).

김환배, 『종교매체의 사회변동에 대한 반응연구』, (서울: 1994 서강대학교 공공정책대학원).

김종성, 『효과적인 교회사역을 위한 리더십 개발』(서울: 침례신학대학교 목회대학원 2000 석사논문).

김진춘, 『통일 원리연구 제4부』(설악: 청심신학대학원대학교 출판부, 2006, 2007)

김인철, 『리더의 통솔 작전』(서울: 한국출판공사, 1984).

김홍자, 『건강한 부모 훈련(HPT)이 자기 표상과 부모의 양육 태도에 미치는 효과』(서울: 서울불교대학원대학교 석사논문 2005).

김정미, 『예비부모교육 프로그램의 구성과 적용효과』(서울: 중앙대학교 대학원 석사논문, 2004).

김용길, 『효과적인 교회행정을 위한 리더십개발』(서울: 침례신학대학교 대학원 2000 석사논문).

김춘길, 『목회자의 리더십에 관한 연구』(광주: 호남신학대학교 신학대학원 석사논문, 1998).

김경태, 『교회 성장을 위한 목회 리더십 연구』(광주: 호남신학대학교 신학대학원 2000 석사논문).

김 욱 , 『평신도 신학적 소명관에 따른 목회자상 연구』(서울: 성공회대학교 신학 전문대학원 2003 석사논문).

김휘남, 『훈독』(전남: 명원기획, 2006, 2007)

김 탁, 『증산 강일순의 공사사상』(서울: 한국정신문화연구원 박사학위 논문, 1995).

김지하, 『동학이야기』(서울: 솔, 1994).

김지하, 『남녘땅 뱃노래』(서울: 두레신서 12, 1985).

김정수, 『교회성장과 은사에 대한연구』(서울: 한세대학교 신학대학원 2000 석사 논문).

곽정환, 『피스 컵 코리아』(서울: 전단지, 2007).

권오선, 『목회지도력에 관한고찰』(서울: 한일장신대학교 신학대학원 석사학위논 문 2002).

남기준, 『사도행전에 나타난 사도들의 리더십에 관한 연구』(서울: 총신대학교 선 교대학원 2001 석사논문).

나병선, 『멘토형 리더 5가지』(서울: 한국 멘토링 컨설팅).

다나까시모오, 『코란』(서울: 태종출판사, 1985).

론다본, 『비밀』(서울: (주)살림출판사, 2007. WWW.sallimbook.com).

문상희, 『순결이 국가경쟁력이다』(서울: 행복에너지, 2017).

마태(김지우), 『기도교 기본신앙』(서울: 한국새교회, 2010).

모니카 그뤼벨, 『유대교』(서울: 예경, 2007).

마쓰다요시히꼬, 『축복가정윤리관』(아산: 선문대학교 출판부).

마쓰다요시히꼬, 『축복가정윤리관』(아산: 선문대학교 출판부).

문선명, 한학자 총재, 『하와이 해양섭리 신문명 개벽선포대회』(서울: 성화출판 사, 2006).

문선명, 한학자 총재님 말씀, 『천성경 』(서울: 성화출판사, 2006).

문선명, 한학자 총재님 말씀 『평화신경(영계보고서)』(서울: 성화출판사 2007).

문난영, 『PEACE WOMEN』(서울: (사)세계평화여성연합 2007. 10. 1. 통권55호).

박용인, 『원불교 가정교육에 관한 연구』, (익산: 원광대학교 교육대학원 석사논문, 2003)

박영희, 『부모교육의 정책 수요분석에 관한 연구』 (서울: 2003 석사논문).

배윤재, 『예수의 영성과 선교』(서울: 장로회신학대학교 신학대학원 석사논문, 1995).

박종구, 『바른 지도자는 누구인가』 (서울: 신망애출판사, 2002).

박종균, 『한국 기독교 대중문화 형성에 관한연구』(서울: 장로회신학대학교 대학원 1998.)

박상민, 『21세기를 전망하는 교목의 리더십 연구』(서울: 총신대학교 교육대학원 1999 석사논문).

세자르 카스텔라노스, 『G-12 리더십』 (서울: 도서출판 NCD, 2006).

송정섭, 『2017 희망드림전남교구 컨퍼런스』(전남: 전남교구 2017).

소상호, 『심정문학제10호』 (서울: 심정문학사, 2017).

세계평화통일가정연합, 『축복가정 3년 총동원 활동 매뉴얼』(서울: 성화사 2017).

세계평화통일가정연합, 『신종족메시아의 축복』 (서울: 성화출판주식회사, 2017).

선학여사편찬위원 편, 『참부모님 실록』 (서울: 성화출판주식회사, 2017).

심경보, 『조직문화의 의미관리자로 본 목회자의 리더십 개발을 위한연구』(서울: 침례신학대학교 신학대학원 2000 석사논문).

이재영, 『불교 명상이 유일신 신앙 발달에 미치는 영향』, 2015).

세계평화통일가정연합, 『평화경』(서울: 성화출판주식회사, 2013).

세계평화통일가정연합, 『천성경』(서울: 성화출판주식회사, 2013).

세계평화통일가정연합, 『참부모경』(서울: 성화출판주식회사, 2015).

세계평화통일가정연합, 『참부모님 생애노정』(서울: 성화출판사 1999. 제1~12권).

세계평화통일가정연합, 『참부모』세계평화통일가정연합, (서울: 성화사, 1998.)

세계평화통일가정연합, 『천성경』 (서울: 성화출판사, 2005).

세계평화통일가정연합, 『원리강론』 (서울: 성화출판사, 1995).

세계평화통일가정연합, 『말씀선집』 (서울: 성화출판사, 142~305권).

세계평화통일가정연합, 『하나님은 참부모, 참스승, 참왕』(서울: 세계평화초종교초국가연합 성화출판사, 2004).

송지영,『소그룹활동을 통한 교회의 청소년교육의 실제』(서울: 장로회 신학대학교 교육대학원 2001) 석사논문).

이성배,『유교와 그리스도교』(서울: 분토출판사, 1985).

윤희구,『교회성장을 위한 평신도 훈련전략 (창원교회중심으로)』플러신학대학원.

윤정로,『평화대사 신문』(서울: 2007).

이코노믹리비우 제370호 (2007.7.24. WWW.ermedia.net 379호).

이을호,『한사상과 민족종교』(서울: 일지사).

이윤호,『한국인이 사는법』(서울: 도서출판해토, 2005).

이욱화,『기독교학교와 비기독교학교의 선교방법 비교연구』(서울: 장로회 신학대학교 신학대학원 1999 석사논문).

이정임,『21세기 교회성장을 위한 목회자 리더십 연구』(서울: 한세대학교 신학대학원 석사논문, 1999).

이봉현,『목회자 지도력에 개발에 관한연구』(서울: 감리교 신학대학원 석사논문, 1992).

유언호,『이십일세기의 선교지향적 목회리더십에 관한연구』(서울: 서울신학대학교 신학대학원 석사학위 논문, 1997).

임호진,『교회성장을 위한 목회자 리더십에 대한연구』(서울: 협성대학교 신학대학원 석사논문, 2001).

이성호,『창가학회와 입정교성회의 성장에 관한연구』, (아산: 선문대학교 신학대학원 석사논문, 2001).

이재석,『성로』, (서울: 세계기독교통일신령협회, 1984.1.1 62호).

옹대수,『이슬람교와 통일교의 메시아관 비교와 선교적 제한』, (아산: 선문대학교 신학대학원 석사논문, 1999).

이삼현,『여호수아의 리더십에 대한 일 연구』, (서울: 삼육대학교 신학전문대학원 석사논문, 2005).

윤영호,『설교의 전달을 위한 커뮤니케이션 이론』, (서울: 침례신학대학교 목회대학원 2000 석사논문).

윤재철,『셀프리더 개발을 통한교회 지도력 확장』, (서울: 침례신학대학교 대학원 석사논문, 2003).

이상주,『교회건축과 목회자 리더십의 상관관계에 대한 연구』(서울: 감리교신학대학교 신학대학원 2000 석사논문).

오동희,『한국 종교방송의 정체성 확립방안에 관한 연구』(서울: 서강대학교 언론대학원 1994).

임홍철,『멘토링을 통한 예비목회자의 성장에 관한 연구』(서울: 감리교신학대학교 신학대학원 2000 석사논문).

『월요신문』, (서울: 2006.6.2)

위경일,『교회마케팅에 있어서 선교의 역할과 발전방향에 관한연구』, 2005 석사논문.

양참삼,『리더십과 가업경영』(서울: 경문사, 2007).

『NGO로서의 교회 가능성에대한 신학적 모색』(서울: 한양대학교 대학원, 2000)

정경호,『모세의 위임형 리더십의 한국교회 목회적용에 관한 연구』, (목포: 대불대학교 대학원 석사논문, 2005.)

전정구,『목회자의 리더십과 목회와의 상관관계 고찰』(서울: 합동신학대학원대학교 2001 석사논문).

조광봉,『영성과 생활』(설악: 청심신학대학원대학교 출판부, 2006)

재단,『리더 투 리더』(서울: 재단 아시아코치센타, 2007)

전 목,『주자학의 세계』(서울: 이문출판사, 1997)

『주간조선』, (서울: 2006.5.29. 제1906호)

지성환,『도시목회 성장을 위한 소그룹 평신도 훈련에 관한 연구』, 총신대학교 선교대학원 2001 석사논문.

정덕주,『종교와 영성』(서울: 도서한들출판사, 1998).

장충근,『정보화 사회에서의 바람직한 목회 리더십에 관한 연구』(경북: 영남대학교 행정대학원 2003 석사논문).

주역풀이 연구회편저,『쉽게 풀어쓴 주역풀이』(서울: 일문서적, 2012).

주선 엮음,『부처님의생애』(서울; 증명출판사, 2007).

제선스님『뇌허의 불교사상 연구』(서울: 민족사, 2007).

통일사상연구원,『통일사상요강』, (동경: 광언사, 1994)

최현락,『NGO Movement in church Settings 제3섹터로서 교회의 활용 방안에 대한연구』, (서울: 총신대 신학대학원 석사논문, 2004).

최병철,『유가경전에 나타난 국가의 형성이론에 관한연구』(서울: 성균관대학교 대학원 박사 논문).

천일국지도자대회.『지도자의 길 2006년 자료집』(서울: 천주청평수련원 2006).

천주연합,『 세계경전2) (서울: 천주평화연합, 2009).

최봉림,『조직행위론의 리더십 이론으로 고찰한 느헤미야의 리더십』(서울: 기독신학대학원대학교, 2000).

최영균,『21세기 교회와 목회 리더십』(서울: 침례신학대학교 신학대학원 2000 석사논문).

최태순,『정보사회와 목회자의 리더십』, (서울: 협성대학교 신학대학원 2001 석사논문).

한광일,『창조 리더십』(서울: 미래북, 2007).

휴스톤 스미드,『세계의 종교들 』(서울: 연세대학교출판부, 1984).

헨드릭빌렙반룬,『명화와 함께읽는 성경이야기 신약』(서울: 골드앤와이즈, 2010).

휴스톤 스미드,『세계의 종교들』(서울: 연세대학교출판부, 1984).

헨드릭빌렙반룬,『명화와 함께읽는 성경이야기 신약』(서울: 골드앤와이즈, 2010).

하종철,『효과적인 목회리더십을 통한 신흥개발지역내 교회개척과 성장연구』(서울: 총신대학교 선교대학원 석사논문).

함석헌,『뜻으로 본 한국역사 』(서울: 한길사, 1983).

하비 콕스/ 유지황 역,『영성 음악 여성』(서울: 동연, 1996).

홍범초,『증산교개설』(서울: 창문각, 1982).

하종철,『효과적인 목회리더십을 통한 신흥개발지역내 교회개척과 성장연구』(서울: 총신대학교 선교대학원 석사논문).

문선명,『평화를 사랑하는 세계인』,(서울: 김영사, 2011).

외국문헌

Allan Leighton with Teena, Practical Wisdom from the People Who Know, On Leadership, Lyons Published by Random house Business book, 2007 WWW.randomhouse.co.uk

Catherine Doherty and John Thompson, Teach yourself Leadership, Book point, 2007.

K. Wilber, The Spectrum of Consciousness, (Wheaton : Theological Publishing House, 1977)

Mark Thomas, Gurus on leadership, Thorogood, 2006.

統一思想要綱(頭翼思想), 統一思想硏究員 (東京: 光言社, 1994)

번역서적

Becvar, D. S. & Becvar, R. J. Family Therapy. 『가족치료』. 정혜정, 이형실 역. (서울: 도서출판사 하우 2002)

Bridger, Francis. & Atkinson. Counseling if Context.『상담신학』. 이정기 역. (서울: 예영미디어, 2002)

Bultmann, Rudolf. New Testament and Mythology. 『성서의 실존론적 이해』. 유동식 역. (서울: 신양사, 1959)

Capra Fritjop & Steindl-Rast Divid & Matus Thomas. Belonging to the Universe. 신과학과 영성의 시대』, 김재희 역(범양사, 1997)

Carter, John D., Narramore, Bruce S. The Integration of Psychology and Theology.『신학과 심리학의 통합과 갈등』. 전요섭 역. (서울: 하늘사다리, 1997)

Clinebell, Howard J. Groups.『성장그룹』. 이종헌 역. (서울: 대한예수교장로회 총회출판국, 1991)

Growth Counsling for Marriage Enrichment.『부부성장과정』. 이종헌 역. (서울: 대한기독교서회, 1990)

Ecotherapy, Healing Ourselves, Healing the Earth, Augsburg Fortress, 1996. 『생태요법-인간치유와 지구치유』, 오성춘, 김의식 공역. 서울: 장로교출판사, 1998.

Well Being: Contemporary Growth Therapies , Abingdon Press. 1981.『현대 성장상담요법』, 이종헌 옮김, (서울: 장로교출판사, 1990)

Crabb, Lawrence. Basic Principles of Biblical Counseling.『성경적상담학 개론』. 전요섭 역. (서울: 아가페출판사)

Gerkin, Charles V. An Introduction to The Pastoral Care.『목회적 돌봄의 개론』.

유영권 역. (서울: 은성, 2004.)

Gutierrez. Gustavo. Liberation Theology.『해방신학』, 성염, 이덕근 공역. (서울: 분도출판사, 1990)

Holmes, U. T. Spirituality for Ministry.『목회와 영성』. 김외식 역. (서울: 대한기독교서회, 1988)

Holt. B. P. A Brief History of Christian Spirituality.『기독교 영성사』. 엄성옥 역, (서울: 은성, 1994)

James, William. Varieties of Religious Experience.『종교적 경험의다양성』.

Johnson, Paul E. Psychology of Religion.『종교심리학』. 김관석 역,(서울: 대한기독교서회, 1989.)

Jung, C. G. P Psychology & Religion.『심리학과 종교』. 이은봉. 역, (서울: 창, 2003)

K. Marti, Ecology and Theology.『생태학과 신학』, 이정배 편저,(종로서적1993)

Maslow, Abraham H. Toward A Psychology of Being.『존재의 심리학』. 정태영, 노현정 공역. (서울: 문예출판사, 2005.)

McDonald, Gorden Ordering Your Private World.『내면세계의 질서와 영적성장』. 홍화옥 역. (서울: 한국기독학생회출판부, 2001.)

McGrath, Allister. Understanding Doctrine.『기독교 교리이해』. 정진오 역. (서울: 기독교문서선교회, 2005)

Oates, W. E. The Psychology of Religion.『현대종교심리학』. 정태기 역, (서울: 대한기독교서회, 1944)

Thiessen, Henry C. Lectures in Systematic Theology.『조직신학강론』. 권혁봉 역,(서울: 생명의 말씀사, 1997)

Wilber, Ken, The Integral Vison.『켄 윌버의 통합비전』,정창영 옮김, (물병자리, 2008)

Wilber, Ken, A Brief History of Everything.『모든 것의 역사』, 조효남 역,(서울: 대원출판 2004)

Wolf, Hans Walter. Anthropologie des Alten Testament.『구약성서의 인간학』. 문희석 역, (서울: 분도출판사, 1976)

ABSTRACT

A Study on the Leadership of Sunmyung Moon, Hak Ja Moon Begotten Daughter True Parent

Kong Soo Kim

A Study on the Comparison of Special Leadership on, Old Testament, New Testament and Completed Testament A Study In the making of the Unification Church might been formed a new religious community under the religious pluralism in the Korean society. Studying various types of religious leaders and religious Special leadership on Old Testament, New Testament and Completed Testament has a very important significance. Religious situations in South Korea might have mapping the multi-religious pluralism. In Korea with four of Buddhism, Confucianism, Christianity and Greek Humanism and with the multi religious native indigenous religions, including Shamanism and religious history formed under the premise that for religious pluralism are co-existing a Korean social world.

These are religious pluralism and competition in good faith in the missionary dimension of eschatology, as well as commitment ing to co-existence and harmony for mankind salvation, implement localization and eschatology. Doing Integrated proposals that can determine the future of the Unification Church is the motivation that can directly deal with the topic of leadership development given to research in the comparative study of religious point of view and in a variety of leadership styles of religious leaders in Korea and social phenomena. In particular, that is very important to create the motivation and social ethos and formation of religious communities and religious groups.

By illuminating the cadence of the religious leadership and advocacy party formed through the history of mankind and that it will provide a basis of legality and compliance of the religious leadership of the Unification Church in the traditional world religions and Korean traditional religions. Confucian ideals and emptying of Taoist and Buddhist harmony and moderation of real peace of Christian love that Islam is the cadence and harmony ideals of World Peace and Unification for Unification orientation.

Religious Old Testament suggested sabbath day, worship, jubilee, taking interest from Israel people, Tithe, labor, etc. New Testament suggest love management Empowerment Special leadership, integrate religious leaders sharing profit with neighbors in the name of Jesus Christ. It is confident that it can be identified later as the essence of religion to implement.

One of the urgent tasks of the Unification Church go forward facing is that prepared a subject-matter in visual wants to be the present study for methodological understanding necessary to strengthening the leadership of the Unification Church, the religious leaders since the Rev. Sun Myung Moon, Hak Ja Han True Parents leadership Cheonilguk Kingdom, to act as a stepping stone, it says.

Keyword: A Study on the Comparison Special leadership, on Old Testament, New Testament, and Completed Testament, True Parent leadership, religious unification and true Love leadership

A Study on the World Leadership of the Sunmyung Moon, Hak Ja Moon as a True Parent

true love Parents leadership Cheonilguk Kingdom, it says.

저자	김공수
부	김영조
모	문이순
생년월일	1951년 6월 2일 생
한.일 축복 1,800가정	토미타나오미(로사린다엘알세오)
자녀	2남 4녀
E-mail	kggs9911@hanmail.net
연락처	사무실 061) 351-2747 자택 061) 322-3252
	핸드폰 010-9821-2239
출신	전남 함평군 대동면 고산동 길 26-1 (덕산리 225)
현주소	전남 영광군 영광읍 천년로 13길 63

학력 및 경력

단국대학교 상경대학 경영학과 학사 졸업
단국대학교 격영대학원 경영학과 인사노무관리전공 석사졸업
청심신학대학원대학교 교회경영학과 박사과정 수료
선문대학교 신학전문대학원 신학과 박사 졸업
예슈아대학교 신학대학원 종교철학과 박사 졸업
예슈아대학교 사회복지대학원 사회복지학과 박사 졸업
현 영광가정교회 목사, 신학박사, 종교철학박사, 사회복지학박사
주)문성유통회장, 강한대한민국 범국민운동 영광군본부 블로그 대표
KIMKONGSOO 카페 대표, 주)세계환경신문 영광군 주재기자
사)부패방지 국민운동 기독교연합 영광군회장, ANB방송 영광군사장
세계일보 조사위원, 참사랑 회장, 18대 광주광역시 동구 국회의원 입후보
예슈아대학교 아시아 총장, 현, 사)부패방지국민총연합 전략상임위원

저서 및 논문

오직 독생녀, 참부모 리더십, 한국다종교현상과 신흥종교의 연구
문선명 선생 리더십연구 (참부모 중심으로), 종교지도자 리더십연구

오직 독생녀
(The only Begotten Daughter)

펴낸날	2020년 1월 10일 초판 1쇄
지은이	김공수
이메일	kggs9911@hanmail.net
펴낸곳	킹 포레스트
펴낸이	김병원
전화	010-5206-7113
이메일	bwhyu1090@naver.com
제작	대양문화인쇄사
ISBN	979-11-968364-1-2 (03230)